마네 그림에서 찾은
13개 퍼즐조각

마네 그림에서 찾은 13개 퍼즐조각

푸코, 바타이유, 프리드의 마네론 읽기

박정자 지음

기파랑

미술을 사랑하는 정인,
그리고 혜리에게

답답하고 서투른 듯 위대한 그림

– 현대성의 선구자 마네

하나의 예술작품은 누가 관심을 가져 주느냐에 따라 가치가 달라진다. 수세기 전의 화가가 새로운 생명을 얻는 것은 후세의 저자들이 그를 새롭게 발견하여 오늘의 독자들에게 전달해 줄 때이다. 베르메르가 3백년의 세월을 뛰어넘어 우리 시대의 친근한 화가가 된 것은 미국의 여류 작가 트레이시 슈발리에가 소설 〈진주 귀걸이의 소녀〉를 썼기 때문이다. 과거의 인물이 새로운 생명을 부여받고 현재에 되살아나기 위해서는 이처럼 충실한 전달자가 필요하다. 그런데 그 전달자가 한 시대의 사유의 흐름을 바꿔놓을 정도로 강렬한 에너지를 갖고 있는 사람이라면 그것은 철학적 사건이 된다.

마네가 그러하다. 한 사람도 아니고 푸코, 바타이유, 그린버그 등 여러명의 저명한 철학자 미학자들이 그를 재발견하고 그에게 경탄의 시선을 보냈다. 어떤 푸코인가? 〈광기의 역사〉, 〈말과 사물〉, 〈감시와 처벌〉 등의 저서를 통해 기존의 인식론적 토대를 일거에 뒤흔들어 놓은 전복적(顚覆的) 사유의 철학자가 아니던가. 푸코가 정신적 스승으로 존경했던 바타이유는 또 누구인가? 사회를 금기와 위반이라는 독특한 관점에서 해석하고, 문학·인류학·사회학·경제학 등을 넘나들며 이성적 담론의 경계를 해체해 버린, '철학자, 성자(聖者) 아니 오히려 광인(狂人)'이 아니던가. 그들에 의해 마네는 단순히 모네, 르누아르, 드가 등 인상파 화가중의 한 사람이 아니라, 미술의 흐름을 바꿔놓은 위대한 화가가 되었다.

납작한 그림

마네의 그림을 보면 우선 답답한 느낌이 든다. 시원하게 저 멀리 광활한 경치가 펼쳐지거나, 걸어들어가고 싶을 정도로 넓고 깊게 실내가 파여져 있는 것이 아니라, 마치 근시안의 화가가 인물을 벽 앞에 바짝 붙여 세우고 가까이 서서 그림을 그린 듯 장면이 거의 관객의 코 앞에 다가와 있다. 배경은 벽일 수도 있고 아닐 수도 있지만 언제나 벽처럼 앞을 가로막고 있어서 주제가 들어서는 전경(前景)의 공간은 협소하기 짝이 없다.

온실의 나무를 배경으로 했어도 나뭇잎이 너무 조밀하게 들어차 마치 초록의 태피스트리가 둘러쳐진 벽과 같고, 창문 앞의 발코니에 인물이 있어도 한 낮의 햇볕 때문에 발코니 뒤의 실내는 캄캄한 벽과 같으며, 나체의 여인이 누워있는 배경도 실내 조명의 부재로 캄캄한 벽과 같다.

바의 여급이 카운터에 손을 대고 서 있는 그림은 예외적으로 뒷

▶〈스테판 말라르메의 초상〉, 마네. 1876. 27×36cm, 오르세미술관. 말라르메는 19세기 프랑스의 위대한 상징주의 시인. 마네보다 10살 아래였으나 아주 가까운 사이였다. 퐁탄 고등학교 영어교사 시절 수업이 끝나면 매일 저녁 마네의 화실에 들러 오랫동안 얘기를 나누곤 했다. 마네는 말라르메의 시집 《목신의 오후》에 삽화를 그렸고, 그가 번역한 포의 시 〈갈가마귀〉나 〈애너벨 리〉에도 삽화를 그렸다. 조르주 바타이유는 이 초상화를 "위대한 두 영혼 사이의 애정을 표현하고 있는 작품"이라고 극찬했다. 당대 관객들은 그의 생략 기법, 대충 칠하는 것에 당혹했다. 이 초상화에서도 코 아래 입과 수염이 거의 붓으로 뭉개 놓은 수준이다. 이처럼 마네의 그림들은 아마추어 화가가 대충 칠해 놓은듯 완벽함과는 거리가 멀다. 그러나 그것은 기법의 미숙함이 아니라 르네상스 이후 4백년간의 전통을 전복시키려는 야심찬 전략의 결과이다.

배경이 넓은 홀이어서 그림이 시원해 보인다. 여급의 뒤에 보이는 아이보리 색의 넓은 횡선은 2층 발코니의 난간이어서 그 위로 무수한 사람들의 모습이 보인다. 그런데 놀랍게도 여급이 손을 딛고 서 있는 카운터 바로 뒤에 나무색의 좁은 횡선 띠가 보이지 않는가. 모처럼 편안한 숨을 내쉬려던 관객은 마네의 교묘한 트릭에 뒤통수를 맞은 듯 깜짝 놀라게 된다. 넓은 실내 같았던 뒷 배경이 거울이기 때문이다. 수평으로 그려진 갈색의 밴드는 거울의 테두리였던 것이다. 그러니까 역시 배경은 벽이었다. 다만 거기에 거울이 달려 있어서 안이 깊이 파여진듯이 보였을 뿐이다.

붓질의 뒷마무리도 허술하기 짝이 없다. 〈스테판 말라르메의 초상〉을 보면 코 아래 입과 수염이 거의 붓으로 뭉개 놓은 수준이다. 총살 당하는 막시밀리앙의 얼굴은 포연 때문이라고는 하지만 얼굴을 그냥 하얗게 칠해 놓았다. 그림의 기술을 다 익히지 못한 아마추어 화가가 대충 칠해 놓은 듯, 완벽함과는 거리가 멀다.

인체의 볼륨감도 없다. 르네상스 시대 비너스 여신들의 풍만하고 육감적인 볼륨감은 물론 인상파 화가 르누아르가 그렸던 여인들의 만져질 듯 포동포동한 양감(量感)마저 발견하기 힘들다. 그가 그린 여인들의 나체는 촉각적인 양감이 전혀 없어서 지푸라기처럼 건조하고 메마른 느낌이다.

19세기의 관객들은 새로운 그림이 나올 때마다 마네에게 심한 욕설과 비판을 쏟아 부었다. 외설을 이유로 내세웠지만, 르네상스 이래 무수하게 비너스 여신의 나체가 그려졌던 서구 미술계에서 그것은 이해할 수 없는 현상이었다. 그 수수께끼는 바타이유와 푸

코 등 인문학자들의 미학적 분석에 의해 풀린다.

겉으로 외설 문제를 내세웠지만 스캔들의 원인은 전통적인 회화 기법을 무시한 마네의 실험성에 대한 관객들의 당혹감이었다. 원근법으로 시원하게 파여진 화면과 내적 조명으로 따뜻한 볼륨감을 보여주는 여신의 나체를 기대했던 관객들에게 지푸라기 인형처럼 납작한 여인의 나체와, 관객의 코 앞에 바짝 들이민 답답한 장면은 불쾌하기 짝이 없는 것이었다. 마네의 스캔들은 그러므로 외설 시비가 아니라 기법이 야기시킨 미학적인 스캔들이었다.

서사(敍事)에서 해방된 그림

원근법과 음영 등의 기법은 장방형의 평면에 불과한 캔버스에 마치 입체의 조각이 새겨지거나 깊은 공동이 파인 듯한 효과를 준다: 그러나 그것은 어디까지나 눈속임이고 거짓일 뿐이다. 마네는 이런 거짓말에서 벗어나고 싶었다. 얇은 평면에는 깊이도 있을 수 없고, 조명이 들어갈 여지도 없다. 그림은 그림일 뿐이다. 이것이 마네가 온갖 야유와 욕설을 들어가면서 꾸준히 그렸던, 당시로서는 파격적으로 낯선 그림들이었다.

관객의 당혹감을 스캔들의 원인으로 생각한다는 점에서 푸코와 바타이유의 생각은 일치하지만, 푸코가 기법상의 문제를 내세우는 반면 바타이유는 주제의 측면을 강조한다. 수백년간 관객들은 어떤 이야기를 전달하는 그림에 익숙해 있었다. 신화나 역사적 에피소드를 재현하는 그림은 말할 것도 없고, 하다못해 정물화나 인물화에서도 '무르익은 것들의 농익은 슬픔'이니 '한 생애를 품위

있게 살아낸 사람의 향기'니 하는 해석을 내리기를 좋아한다.

그러나 이처럼 그림을 서사성에 종속시키는 것은 회화의 자율
성을 해치는 요인이 된다. 소크라테스가 독약을 마시고 죽는 역사
적 사실을 보여주기 위해 〈소크라테스의 죽음〉을 그리고, '무르익
은 것들의 농익은 슬픔'을 보여주기 위해 〈꽃과 과일〉을 그리며,
'품위있는 사람의 향기'를 보여주기 위해 〈나이 든 여인의 초상〉을
그렸다면 그 그림들은 원래 언어로 되어 있는 내용을 단지 시각적
으로 전달하기 위해 그림이라는 수단을 이용했을 뿐이다. 회화 자
체의 목적은 사라지고 문학에 종속된 화면만 남는다.

마네가 떠들석한 선언 없이 묵묵히 그리고자 했던 그림은 문학
에 종속되지 않은 그림, 화폭의 물질성을 애써 감추려 하지 않는
그림이었다. 한 마디로 있는 그대로의 그림을 보여주고 싶었던 것
이다. 하기는 그림의 최초의 목적은 색채와 선과 면을 사용해, 그
저 사람들의 눈에 보여지는 어떤 것을 만들어 내는 것이었다. 바
타이유는 회화 본연의 최초의 회화를 2만년 전의 동굴 그림 라스
코 벽화에서 찾는다. 그것은 그림 이외의 그 어떤 목적에도 봉사
하지 않고 오로지 그림을 그리는 기쁨 또는 그림을 바라보는 즐거
움을 위해서만 그려진 그림이었다. 이것이 회화의 진정한 본질이
라고 바타이유는 생각한다. 그런 점에서 마네는 회화의 본질로 회
귀한 첫 번째 화가라는 것이다.

푸코의 마네론

푸코가 〈오페라 극장의 가면 무도회〉, 〈폴리-베르제르 바〉, 〈발코

니〉 등을 그린 마네에게 관심을 갖게 된 것은 그가 인상파를 실현시킨 화가여서가 아니라 인상파를 넘어서서 모더니즘 회화를 가능케 한 화가였기 때문이다. 푸코가 보기에 마네는 그림이 벽이나 화폭 등 어느 특정의 공간 속에 그려졌다는 사실을 애써 감추는 콰트로첸토(15세기 이탈리아의 예술운동) 이래의 규칙을 깨트린 사람이다.

콰트로첸토 이래의 서양 미술의 규칙은 크게 보아 원근법이다. 원근법은 2차원의 평면 위에 마치 3차원의 세계가 펼쳐지는 듯한 환상을 주는 일종의 눈속임이다. 사람들에게 환영(幻影)을 주는 그림이라 하여 미술사적 용어로 환영주의(幻影主義) 미술이라고 한다. 마네는 원근법을 기초로 하는 환영주의를 거부하고 화폭의 물질성을 그대로 보여주는 그림을 그렸다.

푸코는 그것을 '공간처리', '조명의 문제', 그리고 '관객의 자리'라는 세 가지 테마로 나누어 분석했다. '공간처리'에서는 첫째, 장방형의 화폭을 그림 안에서 다시 반복하는 방식이다. 예컨대 〈오페라 극장의 가면무도회〉에서 2층 발코니의 난간을 가로로 길게 화면 윗 부분에 배치한 것은 화폭의 형태인 장방형을 그림 안에서 다시 재현하고 있는 것이다. 그림은 4각형의 프레임 안에 그려진 것이다,라는 것을 보여주기 위해 마네는 이처럼 수직과 수평의 선들을 그림 속에 자주 그려 넣었다. 쉽게 말하면 네모난 종잇장 위에 종이의 사각형을 닮은 가로 세로선을 한 번 혹은 두 세번 더 그려 넣었다는 것이다.

두 번째는 그림의 깊이를 없애는 방식이다. 역시 〈오페라 극장의 가면무도회〉를 보면 전경(前景)에 벽이 가까이 있고, 그 좁은 공

티치아노, 〈오르간 연주자와 비너스〉 (Venus with the Organ-player, 1548, 148×217, 마드리드 프라도 미술관). 나무가 두 줄로 고르게 심어진 산책길 너머로 광활한 평야와 하늘이 보이는 이 그림은 원근법이 무엇인지를 극명하게 보여준다. 마치 캔버스 뒤로 깊이 구멍이라도 패인 것 같다. 그러나 캔버스는 얇은 2차원의 평면일 뿐 그 안에 3차원의 장면이 들어 설 여지는 없다. 마네가 깊이 없는 납작한 그림을 그린 이유가 바로 그것이었다.

간에 사람들이 가득 들어차 있어서 그림에 깊이라고는 없다. 나무가 두 줄로 고르게 심어진 산책길 너머로 광활한 평야와 하늘이 보이는 티치아노의 〈오르간 연주자와 비너스〉(Venus with the Organ-player, 1548, 148×217, 마드리드 프라도 미술관)를 이 그림과 비교해 보면 그림에 깊이가 없다는 것이 무슨 의미인지 쉽게 알 수 있을 것이다. 회화란 얇은 종이 혹은 캔버스의 평면에 불과한 것인데, 거기에 3차원적 공간을 깊이 판다는 것은 거짓에 불과하다는 것을 말하기 위해 마네는 이렇게 납작하고 답답한 그림을 그렸던 것이다.

'조명의 문제'에서는 전통 서양회화에서 사용했던 내적(內的) 조명의 방식이 아니라 외적(外的) 조명의 체계를 사용했다. 우선 내적 조명이 무엇을 의미하는지 살펴보자. 전통 서양회화는 인체나 사물

혼토르스트(Gerrit van Honthorst, 1590–1656), 〈만찬〉(Supper Party), 카라바지오 이후 서양 회화에는 그림 안에 반드시 광원(光源)이 있었다. 그것은 어느때는 촛불, 또 어느때는 창문이었다. 빛의 효과에 의해 사물과 인물에는 음영이 지고 부피감이 가미된다. 그러나 얄팍한 캔버스의 속 어디에 촛불을 킬 수 있다는 말인가? 마네가 회화의 내부 조명을 아예 없애고 캔버스 밖 실제적인 조명에만 의지한 이유가 바로 그것이었다.

에 입체감을 주기 위해 그림 속의 빛, 즉 내적 조명의 방법을 사용했다. 평면에 그려진 그림이 부피감을 갖는 것은 음영(陰影)의 효과인데 음영은 반드시 어디에선가 빛이 오기 때문에 생기는 것이다.

전통 서양 회화를 자세히 보면 그림의 장면 안에 반드시 광원(光源)이 있다. 어디선가 빛이 들어오는 부분이 있다는 이야기다. 인물의 그림자, 음영, 양각(陽刻), 입체감 같은 것이 모두 이런 조명의 효과이다. 콰트로첸토 초기, 특히 카라바지오에서 이런 방법적 빛의 효과가 강조되었다. 그림의 장면 자체 안에 광원이 있는 것, 그것이 내적 조명이다. 17세기 네델란드의 화가 혼토르스트(Gerrit van Honthorst, 1590-1656)의 〈만찬〉(Supper Party)을 보면 내적 조명이 무엇을 의미하는지 확실하게 알 수 있다. 테이블의 촛불에서 나오는 빛이 회식자들의 얼굴을 환하게 또는 어둡게 만들고 있다.

그러나 그림의 깊이가 한 갓 환영(幻影)이고 가짜였듯이 그림 속의 빛 또한 인위적인 거짓말에 불과하다. 캔버스가 그냥 사각형의 평면에 불과한데 그 안에 어디서 빛이 온다는 말인가? 〈만찬〉이 그려진 캔버스는 그냥 얇은 대마의 헝겊에 불과한데 그 속 어디에 촛불을 킬 수 있단 말인가? 빛은 캔버스의 밖에서 오는 것일 뿐 그림 속의 빛이란 있을 수 없다. 납작한 4각형의 평면인 캔버스는 화가의 아틀리에 혹은 전시장의 창문을 통해 들어오는 햇빛, 혹은 천정의 조명등 불빛 밖에는 달리 받는 빛이 없다. 이것을 곧이 곧대로 표현하기 위해 마네는 아무런 광원도 없는 그림, 관객이 시선을 줄 때 비로소 조명등에 의해 비쳐지는 그림을 그렸다. 〈발코니〉의 실내와 〈올랭피아〉의 배경이 캄캄하게 처리된 것은 바로 그것 때문이었다.

그림은 평면 위에 그려진 것이다, 라는 것이 회화의 진실이다. 회화는 작품이기 이전에 우선 액자와 캔버스로 구성된 물질이다. 물질로서의 그림은 아틀리에에 창밖의 햇빛 또는 실내의 전등 불빛처럼 화폭 밖으로부터 오는 실제의 빛을 받을 뿐, 그 이외에는 아무런 빛도 없다. 마네는 처음으로 이 진실을 그림으로 표현했다. 내적 조명이 없으므로 당연히 그림은 양감이나 입체감이 없이 납작한 그림이 된다. 〈올랭피아〉의 납작한 나체, 〈피리부는 소년〉의 납작한 바지통이 바로 내적 조명 부재의 결과이다.

마지막으로 푸코는 마네의 마지막 걸작인 〈폴리-베르제르 바〉에서 '관객의 자리'에 대한 그의 야심찬 실험을 발견한다. 이 문제를 이해하기 위해서는 미술관에서의 관람자의 행태를 살펴보는 것만으로 족하다. 루브르 박물관의 〈모나리자〉 앞에는 항상 사람이 몰려 있어서 그림을 구경가기가 쉽지 않다. 화폭의 정 중앙 앞이 그림을 감상하기에 가장 적합한 자리인데, 그 곳을 차지한 사람들이 쉽게 자리를 뜨지 않기 때문이다. 이 자리는 화가가 이젤 앞에서 그림을 그리던 자리이기도 하다. 화가가 그림을 그리던 이 자리에 서야만 관객도 화가가 보았던 경치와 인물을 그대로 볼 수 있다.

이처럼 서양 회화는 감상하기에 좋은 이상적인 자리를 언제나 지정해 놓았다. 이 유일하고도 이상적인 자리만 벗어나면 그림은 삐뚜러지거나 일그러져 보인다. 그러나 화폭은 그 앞에서 관람객이 이리저리 자리를 이동할 수 있고 또 뒤로도 돌아가 볼 수 있는 장방형의 캔버스가 아니던가. 이런 물질성을 애써 무시하고, 오로지 정 중앙의 앞에서만 감상할 수 있는 그림을 그린 것은 부자연스러운 일이 아닌가.

원근법적 사고로는 도저히 이해할 수 없는 〈폴리-베르제르 바〉는 이런 관점에서만 그 수수께끼가 풀린다. 카운터 뒤에 똑바로 앞을 바라보고 서 있는 여급의 뒤로 손님이 가득 찬 넓은 홀의 모습이 보이지만, 자세히 보면 그것은 거울에 비친 모습이다. 그러나 정작 더 이상한 것은 그림의 오른 쪽 거울 안에 손님과 대화하고 있는 여급의 뒷 모습이 비스듬히 비치고 있는 것이다.

그것은 광학적 상식으로는 도저히 있을 수 없는 상(像)이다. 거울은 그녀의 뒤에 수평으로 놓여져 있으므로, 정면을 향하고 있는 여급의 거울 속 모습은 온전한 뒷면이어야 하고, 그녀 바로 앞에 어떤 사람이 서 있다면 거울 속에서는, 그녀의 뒷 모습은 물론 앞의 사람도 보이지 않아야만 한다. 거울에 화가의 모습이 비치지 않는 것을 보면 아마도 화가의 자리가 바로 이 지점이었을 것이다. 이것이 별로 전문적인 지식을 요하는 것도 아닌 일상적인 광학의 상식이다.

그런데 앞모습이 정면을 향하고 있는 여급의 오른쪽 뒤로 그녀의 뒷모습이 거울에 비스듬히 비치고 있는게 아닌가. 게다가 그 앞에는 고객으로 보이는 남자의 모습까지 비쳐져 있다. 이것은 화가가 앞에서 한 번 그리고, 자리를 이동해 또 옆으로 한 번 그린 후, 두 그림을 한데 합쳤을 때만 가능한 그림이다. 화가의 자리는 그대로 관객의 자리이다. 그렇다면 관객은 정 중앙의 앞에서도 볼 수 있고, 왼편으로 조금 비켜 서서 볼 수도 있다.

그림 감상의 유일한 이상적인 자리를 상정했던 서양 미술의 전통에서 이것은 경천동지(驚天動地)할 새로운 관점이 아닐 수 없었다. 미술에만 한정된 것이 아니라 더 나아가 사람들의 인식 자체를 뒤흔드는 사건이기도 했다. 유일하게 하나의 해석만이 가능하다고 생각했던 원근법적 인간의 사고가 여러개의 해석도 가능하다는 다원적인 사고로 전환되는 계기를 마련했기 때문이다.

바타이유의 마네론

바타이유도 마네로부터 현대적인 회화가 시작되었다고 생각한다. 그는 프랑스의 라스코에서 1940년에 발견된 2만년 전의 동굴 벽화 그림에서 에로티즘 분석의 모티프와 엄청난 미술사적 의미를 발견하는데, 우리의 관심을 끄는 부분은 역시 마네와 관련된 미술

2만년 전의 것으로 추정되는 라스코 동굴 벽화. 바타이유는 이 벽화야말로 놀이를 통한 인류의 진정한 탄생을 보여주는 것이라고 말한다. 즉 아무런 생산과 연결되어 있지 않은, 순수 무상적(無償的)인 행위로서의 예술의 탄생이다.

사적 분야이다. 기존의 생산중심적 정치경제학을 뒤집어 인간과 세계가 존속하기 위해 진정으로 중요한 것은 생산과 축적이 아니라 소비와 상실이라고 설파했던 전복적(顚覆的) 철학자 바타이유는 2만년 전에 만들어진 라스코 동굴 벽화야말로 놀이를 통한 인류의 진정한 탄생을 보여주는 것이라고 말한다.

인간에게 근본적인 문제는 최소한의 욕구 충족이 아니라 비생산적인 소비 즉 '사치'이므로, 낭비야말로 문명사 해결의 열쇠라고 생각했던 그에게 있어서 예술은 바로 낭비의 부분이다. 우리가 '낭비'라고 할 때 그것은 생산과 직결되지 않는 모든 소비를 뜻한다. 그런데 그림 또는 예술은 아무런 생산과도 연결되어 있지 않다는 점에서 순전히 무상적(無償的)인 행위이고 낭비이다. 2만년 전에 힘들게 바위를 쪼아내 동물의 모양을 만들고 거기에 색채를 입

헌 행위는 인간의 생명 유지를 위한 노동과는 아무 상관이 없다. 그것은 글자 그대로 노동력의 낭비, 자원의 낭비일 뿐이다. 이 쓸데 없는 낭비적 행동이 바로 예술의 원초적 기원이다.

무상적인 놀이를 발견하고 난 후 인간의 행동은 두 개의 영역으로 분리된다. 생산을 위한 소비의 영역과 생산으로 이어지지 않는 소비의 영역이 그것이다. 생산적 소비의 영역은 합리성과 앎이 지배하는 속(俗)의 세계이다. 비생산적 소비의 영역은 합리성이 통하지 않고 세속적인 앎이 전혀 힘을 쓰지 못하는 불가해한 성(聖)의 세계이다. 예술의 기원은 이처럼 앎이 아닌 세계 즉 비(非)-앎(non-savoir)의 세계이다.

그러나 라스코 벽화 이후의 미술은 원래 미술에 부여했던 목적에서부터 점차 멀어지게 된다. 그림은 단순히 눈에 보여지는 어떤 것을 만든다는 최초의 기능에서 벗어나 뭔가를 의미하게 되었다. 뭔가를 의미한다는 것은 언어적인 기능이다. 결국 미술은 문학에 종속되고, 그림 자체의 기법보다는 주제가 더 중요하게 되었다. 마네 시대에 지배적인 미술 사조였던 아카데미즘은 회화에 대한 인문주의적 이론의 산물이다.

푸코가 마네의 그림에서 〈폴리-베르제르 바〉를 중점적으로 분석했다면 바타이유는 〈풀밭에서의 점심〉을 집중적으로 논한다. 〈풀밭에서의 점심〉에서 다소 의아스러운 인물들의 모임은 무엇을 의미하는가? 사람들은 오른쪽 남자가 앞으로 내민 뾰족한 손가락이 무엇을 의미하는지를 찾아내려고 온갖 박식한 지식을 다 동원해 본다. 전통적인 회화에서 뾰족한 손가락의 제스처는 반드시 어

(왼쪽) 라파엘로의 〈파리스의 심판〉에 바탕한 라이몬디의 판화. 1525, 파리 국립도서관.

(오른쪽) 티치아노, 〈전원음악회〉 1510–1511, 110×138cm. 루브르 박물관. 마네의 〈풀밭에서의 점심〉은 라이몬디의 판화와 구도가 똑같고, 티치아노의 그림과 소재가 같다. 이처럼 과거의 명화들에서 소재와 구도를 따 와 그대로 그린 것인데, 거기에 별다른 의미가 있을 턱이 없다. 회화는 뭔가를 의미하는 것이 아니고 그냥 그대로의 회화일 뿐이라는 것을 말하기 위해 마네는 이와같은 변용화(變容畵)들을 자주 그렸다.

떤 의미를 지니고 있었다. 그러나 마네의 그림에서 그것은 아무것도 아니다. 거기엔 아무런 의미도 없다.

〈풀밭에서의 점심〉은 티치아노의 〈전원 음악회〉에서 옷입은 두 남자와 옷 벗은 두 여자라는 주제를 따왔고, 라파엘로의 〈파리스의 심판〉에 바탕한 라이몬디의 판화에서 세 사람의 자세를 그대로 따왔는데, 마네가 따로 거기에 무슨 의미를 부여했겠는가? 회화는 뭔가를 의미하는 것이 아니라 그냥 그대로의 회화라는 것을 말하기 위해 마네는 이런 변용화(變容畵)를 그린 것이다.

이것을 바타이유는 '회화의 침묵'이라고 말한다. 마네는 무언가를 말하는 회화가 아닌 '회화의 침묵'을 원했다는 것이다. 마네는 시(詩)와 미술의 끈을 결정적으로 잘랐다. 이렇게 '담론의 기능'에서부터 해방된 회화는 자율적인 예술이 된다. 그는 읽을 수 있는 회화를 볼 수 있는 회화로 대체했다. 그의 인물의 자세는 뭔가를 의미하지 않고, 몸짓들은 아무것도 지시하지 않으며, 구도는 그 어떤 스토리에도 봉사하지 않는다.

바타이유는 마네가 회화적 혁명을 달성한 것이 아니라 예술의 본질, 즉 라스코 동굴 벽화에서 시작되었던 본질을 작동시켰다고 말한다. 그의 회화와 함께 예술은 그 동안 얼마간 은폐되었던 본질에 도달했다. 고대 그리스 이래 회화는 실용성이나, 군주 혹은 교회에 너무 많이 봉사했다. 권력, 담론, 관습에 종속된 예술은 더 이상 엑스터시, 성스러움, 혹은 지상권(至上權)으로 향하는 왕도가 아니게 되었다. 그러나 예술은 합리적 이론이나 앎으로 설명되는 세계가 아니라 그냥 뭔지 알 수 없는 황홀한 법열의 순간일 뿐이다.

마네와 함께 회화는 알레고리(우화)가 되기를 그쳤다. 오랫동안 감동으로 교훈과 즐거움을 주는 것이 회화의 임무로 여겨졌었다. 정념은 회화의 주제만이 아니라 그 목적성 자체였다. 그림은 관객의 영혼을 움직여야 하고, 감정이 생겨나게 해야 한다는 것이 사람들의 상식이었다. 그런데 벙어리처럼 아무것도 전달하지 않는 그림 앞에 섰을 때 관객들은 실망하고 분노했다. 바타이유가 보기에 이것이 마네의 스캔들의 진실이었다.

바타이유도 푸코도 마네가 회화로서의 회화에 충실한 화가였으며, 그것이 그의 현대성이었다고 말한다. 어떤 현대성인가?

마네의 현대성

추상미술, 팝아트, 미니멀, 개념미술, 설치미술 등을 지나 TV 화면을 이용하는 비디오 아트, 컴퓨터를 이용하는 미디어 아트가 나오고, 죽은 상어를 화학물질에 담궈 놓는 것도 미술이라고 당당히 주장하는 오늘날, 회화의 평면성이니 화폭의 물질성이니 하는 말들은 물론 더 이상 아무런 의미가 없다. 그러나 엄격한 아카데미즘이 미술을 제약하고 있던 19세기에 마네가 보여준 과감한 도전은 가히 혁명적이다.

앤디 워홀은 "내 그림 뒤에는 아무것도 없다"고 말했는데 100년 전에 이미 마네는, 그림 뒤에 아무것도 없다는 것, 그림은 그저 단지 채색된 평면의 오브제일 뿐이라는 것을 그림의 내용 자체 안에 집어 넣었다. 물론 그는 선과 면과 색채로 환원되는 비재현적 회화를 고안해 내지는 않았다. 그의 그림은 모두 재현적이다. 그러나 그는 재현의 기법을 내리누르던 규약들로부터 회화를 해방시킴으로써 재현과의 단절을 위한 조건을 마련했다. 마네 덕분에 회화는 20세기초의 추상미술을 거쳐 오늘날에까지 이를 수 있었다.

특히 〈폴리-베르제르 바〉에서 시도한 관객의 자리 이동은 모든 것이 탈중심화하여 중심과 위계질서가 사라지고, 인간이 더 이상 중심을 차지하는 주체도 아니게 된 현대의 포스트모던적 현상을 예고하고 있어서 흥미롭다. 그것이 마네의 현대성이며, 인문학이 미술에 관심을 가져야 하는 이유이기도 하다.

자포니즘의 재발견

원근법의 부정, 농담(濃淡)이나 그라데이션 없는 투명하고 순수한 색채의 사용, 프레임에서 잘리는 주제 등 마네가 시도한 새로운 기법들은 모두 일본의 채색 목판화 우키요에(浮世繪)에서 차용한 것이다.

이미 100년 전에 일본이 서구인들의 의식을 강렬하게 사로잡고 그들의 사유 방식까지도 바꿔 놓았다는 사실이 부럽고 아프게 느껴진다. 그 시대에 우리는 아직 중국의 신선(神仙)과 산하(山河)만을 그리고 있었고, 동시대의 풍속을 그린 풍속화들이 있기는 해도, 양적으로 빈약하고, 스케일이나 화려함에 있어서 일본의 그림과 비교할 수 없이 열세였다.

그림 속에 둘러싸여 글을 쓰는 것은 기쁨이었다. 마네의 그림을 묘사하는 '답답한', '납작한'이라는 부가형용사를 부정적인 의미로 읽지 않기 바란다. 베란다 앞 가까이 무성한 잎과 줄기들로 녹색의 카페트를 이룬 옆집 나무들이 마네의 그림처럼 정겨웠고, 피사체를 바톨게 앞으로 당겨 화면 속에 깊이라고는 없는 답답한 광고 사진이 멋있어 보였으며, flat이라는 단어조차 어떤 건조한 미의식으로 다가왔다. 모두가 마네의 그림들이 전염시킨 매혹이었다. 히로시게(歌川廣重)의 그 푸른색 매혹은 또 어떻고…

그림 찾기를 도와주신 기파랑의 임왕준 주간님, 일본 다마(多摩) 미술학교에 재학중인 윤여헌군에게 감사 드린다.

2009년 1월 박정자

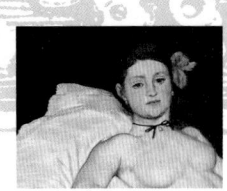

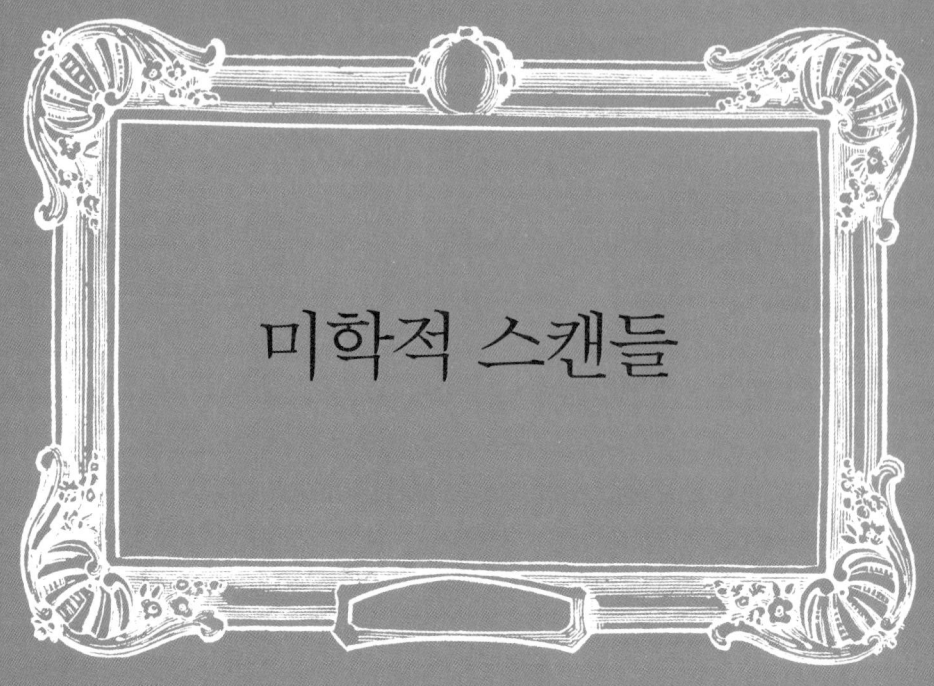

미학적 스캔들

〈풀밭에서의 점심〉

▶ 〈풀밭에서의 점심〉, 마네, 이 그림은 1863년 당시 심한 외설 시비에 휘말렸지만 외설이라기 보다는 새로운 기법에 대한 관객들의 반감이 시비의 원인이었다. 여기서 마네는 전통적인 내적 조명과 자신의 새로운 기법인 외적 조명을 절반씩 사용하고 있는데, 후경의 여인 위 하늘에서 쏟아지는 빛은 전통적인 내적 조명이고, 전경의 세 사람 위에서 쏟아지는 캔버스 외부의 빛은 마네 특유의 외적 조명이다. 세 사람의 조합은 당시 널리 알려진 마르크 앙투안 라이몽디의 판화와 흡사하다. 다른 점이라면 마네의 작품에서는 여자만 옷을 벗었고, 두 남자는 옷을 입고 있다는 것. 두 남자의 정장이 여자의 누드를 '실제' 처럼 보이게 한다.

나뭇잎이 온통 검은 색인 것으로 보아 햇빛도 뚫고 들어오기 힘든 울창한 숲속인 듯하다. 뒤에 샘물이 흐르고, 흰색 속옷 차림의 여인이 샘물에 엎드려 뭔가를 하고 있다. 앞쪽의 풀밭 위에는 검정 모자 검정 재킷에 흰 와이셔츠를 받쳐 입고 넥타이까지 단정하게 맨 두 남자가 편안한 자세로 앉아 이야기를 하고 있고, 옆에는 실오라기 하나 안 걸친 새하얀 속살의 여인이 한 쪽 다리를 구부리고 앉아 무릎에 팔목을 얹고 턱은 손목에 고인 채 천연덕스럽게 고개를 돌려 관객을 바라보고 있다. 비스듬히 기울어진 피크닉 바구니에서는 먹다 남은 과일과 빵이 쏟아져 나와 있고, 여인이 벗어 놓은 푸른색 옷이 그 옆에 아무렇게나 던져져 있다.

마네(Edourd Manet, 1832~1883)의 〈풀밭에서의 점심〉(Le Déjeuner sur l'herbe, 1863, 208×264cm, 오르세 미술관)을 처음 보았을 때 충격적이었던 것은 완전하게 갖춰 입은 두 남자의 정장 차림과 완전하게 벗은 한 여자

의 나체가 이루는 극명한 대조였다. 입음과 벗음의 극단적인 대립도 놀랍지만, 더 이상한 것은 여자의 나체에 눈길 한 번 주지 않는 남자들의 무심한 표정과 자신의 벌거벗음에 손톱만큼의 심리적 동요도 보이지 않는 대담한 여자의 표정이다. 남자들은 마치 옷을 입고 있는 여자 앞에 앉아있는 듯 아무렇지도 않고, 여자는 마치 자신이 옷을 다 갖춰 입고 앉아 있는 듯 태평하고 일상적인 표정이다. 옷 입은 두 남자 옆의 벌거벗은 한 여자라는 구도가 나체의 외설스러움을 한층 높여줄 법도 하건만, 웬 일인지 그림이 전혀 외설스럽지 않은 것은 바로 인물들의 이런 무심한 표정 때문인 듯 했다.

1863년 '살롱 전(展)'에서 낙선한 것을 보면 19세기 프랑스의 관객들에게도 이 그림은 충격으로 받아들여졌던 것 같다.

'살롱 전(展)'이란 우리의 국전(國展)처럼 국가가 관리하던 프랑스 미술 공모전의 명칭이다. 루이 14세 시대인 17세기에 '왕립 회화, 조각 아카데미'가 창설되었고, 1699, 1704, 1706년 등 세 차례에 걸쳐 루브르의 대(大) 회랑(回廊)인 그랑드 갈르리Grande Galerie에서 전시회가 열렸다. 20년 후인 1737년부터는 대회랑(大回廊)이 아니라 '사각형의 홀'이라는 이름의 살롱 카레Salon carré로 옮겨져 매년 정기적으로 일반에 공개되었다. 살롱 전(展)이라는 전시회의 명칭은 여기서 유래한다. 처음에는 아카데미 회원들만 출품했으나 대혁명 후에는 살아있는 모든 화가들에게 개방되어 들라크루아로 대표되는 낭만주의가 태동하는 계기가 되었다. 제2제정 이후 공식의 살롱 전에서 낙선한 화가들이 독립적으로 '살롱 낙선전(落選展)'을

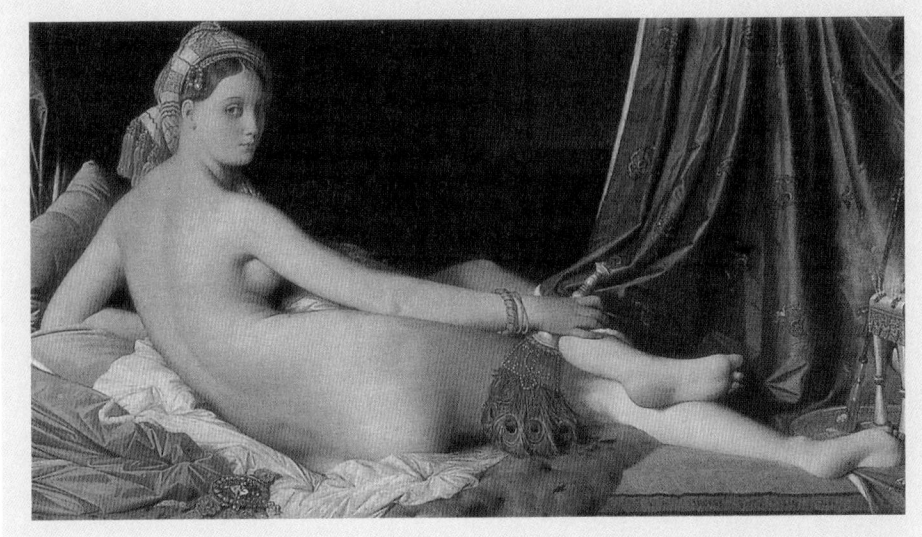

앵그르(Jean Auguste Dominique Ingres, 1780-1867), 〈오달리스크〉(L'Odalisque, 1839). 서양회화의 역사에서 여성 누드화는 전혀 새로운 것이 아니다.

열었는데 그것이 '앵데팡당 전(展)'Salon indépendant이었고, 소위 인상파의 시작이었다.

〈마호 옷을 입은 청년〉(Jeune homme en costume de majo, 1863)과 〈에스파다 옷을 입은 빅토린〉(Mlle V. en costume d'espada, 1862)이라는 마네의 다른 두 작품과 함께 나란히 걸린 이 작품의 첫 제목은 〈풀밭에서의 점심〉이 아니라 〈미역감기〉(Le Bain)였다. 그림이 걸리자 즉각 부정적인 반응이 들끓기 시작했다. 관객들은 주제가 퇴폐적이라고 비난했고 비평가들은 마네가 데생과 원근법조차 모른다고 혹평했다.

그러나 르네상스 이래 신화 속의 여신을 나체로 그리는 것이 다

고야(Francisco Goya, 1746–1828), 〈벌거벗은 마하〉(Maja desnuda, 1814) (Maja는 스페인어에서 '여자'라는 의미이다)

반사였던 서양 회화에서 여자의 누드라는 이유로 미술 작품을 퇴폐적이라고 비판하는 것은 좀 이해하기 어려운 일이었다. 여신이 아니라도 이미 앵그르(Jean Auguste Dominique Ingres, 1780-1867)의 〈오달리스크〉(L'Odalisque, 1839)도 있고, 고야(Francisco Goya, 1746-1828)의 〈벌거벗은 마하〉(Maja desnuda, 1814)(Maja는 스페인어에서 '여자'라는 의미이다)도 있지 않은가.

과거로 거슬러 올라갈 것도 없이 마네와 동시대에도 에로틱한 여성의 나체 그림이 있었다. 화가 카바넬(Alexandre Cabanel, 1823-1889)의 〈비너스의 탄생〉(La Naissance de Vénus, 1863)이 그것이다. 비너스는 푸른 바다 흰 파도 위에 새하얀 나체를 금빛 긴 머리 위에 비스듬히 누이고, 한 손을 이마에 얹은 채 누워 있다. 그 위로는 하늘을

배경으로 통통한 아기 천사들이 이리저리 날아다니고 있다. 마네의 그림보다 훨씬 더 음란하고 외설적이지만 이 작품은 아무 탈 없이 1863년 살롱 전에 입선했고, 관객들로부터 큰 호응을 받았다. 〈비너스의 탄생〉이라는 제목과 하늘을 날아다니는 천사들의 존재가 외설스러운 여인의 자세를 신화의 차원으로 격상시켜 에로티즘의 논의를 아예 차단했기 때문인 듯하다.

더 이해하기 힘든 것은 수백년간 아무 문제 없이 관객들의 사랑을 받던 주제가 갑자기 〈풀밭에서의 점심〉에서 크게 물의를 일으켰다는 점이다. 〈풀밭에서의 점심〉은 루브르에 있는 티치아노(Vecellio Tiziano, 1488-1576)의 〈전원 음악회〉(Concert Champêtre, 1509, 당시에는 조르조네의 것으로 알려졌었다)를 재해석해 그린 변용화(變容畵)(variante)이기

티치아노(Vecellio Tiziano, 1488–
1576), 〈전원 음악회〉(Concert
Champêtre, 1509)(당시에는 조르조
네의 것으로 알려졌었다)

때문이다. 그리고 인물들이 앉아있는 자세는 라파엘로(Raffaello Sanzio, 1483~1520)의 원화를 라이몬디(Marcantonio Raimondi, 1480~1534)가 판화로 제작한 〈파리스의 심판〉(Le Jugement de Paris, 1525)과 똑같다.

서양회화의 전통에서 화가들이 지난 시대 대가들의 명작을 자기 나름으로 재해석하여 그리는 것은 흔히 있는 일이다. 선배 화가의 그림에서 주제만을 따와 자신의 독창적인 기법으로 그린 작품들은 단순한 습작이나 모작(模作)이 아니고 표절도 아니다. 그것은 회화 작품 자체를 통해서 회화라는 장르를 문제 삼는 독특한 비판 작업이다. 루벤스는 티치아노의 〈카를 5세와 황후〉를, 세잔은 세바스티아노 델 피옴보의 〈연옥의 그리스도〉를, 반 고흐는 들라크루아의 〈피에타〉를 각기 모사했고, 20세기에 와서도 피카소는 벨라스케즈의 〈시녀들〉을 부분과 전체를 합해 무려 44점이나 다시 그렸다. 이처럼 예술이 자신의 소재를 자기 영역에서 찾는 방법을 현대 미학은 '자기반영성(自己反映性)'(self-reflexivity, self-reference)이라고 부른다.

〈풀밭에서의 점심〉에서는 여자가 둘이기는 하지만 한 여자는 후면에 작게 처리되어 주요 인물이 셋인듯 느껴지는데, 티치아노의 그림에서는 여자 둘이 다 전경에 배치되어 있어서 인물이 넷인 듯 느껴진다. 여자들은 옷을 벗었고, 두 남자는 빨간색과 갈색의 옷에 모자까지 갖춰 쓰고 있다. 무언가 이야기를 나누고 있는 두 남자는 여기서도 역시 여인들의 나체에 전혀 신경을 쓰지 않는다. 피리를 든 한 여인과 샘에서 물을 긷는 또 다른 여인이 모두 벗고 있지만 그녀들의 얼굴은 옆모습이거나 뒤로 돌려져 있어서 그 표정을 알 수 없다. 르네상스 미술 특유의 신화적 분위기와 여자들의 표정이 드러나지 않았다는 점에서 에로티즘의 비판을 비켜간 듯하다.

〈올랭피아〉

▶ 〈올랭피아〉, 마네, 첫 전시회에서 캔버스가 찢어지거나 파손되지 않은 것은 순전히 주최측에서 조심스럽게 관리해준 덕이다. 이 그림에는 '걸레', '창녀' 등 온갖 욕설이 다 퍼부어졌다. 모든 풍자화와 신문이 마네와 그의 그림을 계속 물고 늘어졌고 마네는 유명세를 톡톡히 치렀다. 길에 나서면 그를 보기 위해 사람들이 고개를 돌렸고, 공공장소에 나타나면 사람들이 그를 가리키며 수군거리는 꼴이 무슨 괴상한 동물이라도 구경하는 것 같았다. 그러나 〈풀밭에서의 점심〉이 그렇듯이 이 그림도 티치아노의 〈우르비노의 비너스〉를 변용하여 그린 것이다.

침대에 비스듬히 누워있는 창녀 올랭피아는 완전 나체이다. 그녀가 몸에 걸친 것은 오로지 머리에 꽂은 커다란 핑크 빛 난(蘭)꽃, 진주가 달린 검정 벨벳 끈 목걸이, 검정 보석이 늘어진 금빛 팔찌, 그리고 한 쪽 발에 걸친 사틴 슬리퍼 뿐이다. 화면의 왼쪽 위는 자연스럽게 주름이 진 커튼이 희미하게 4분의 1로 자른 수박꼴 모양으로 모서리를 차지하고 있고, 화면의 오른 쪽, 여인의 다리 부분에는 흑인 하녀가 흰 종이에 싸인 커다란 꽃다발을 들고 서 있다. 배경은 암갈색이고 흑인 하녀의 얼굴도 짙은 암갈색이어서 그림을 얼핏 보면 마치 유령의 그림이기라도 한듯 소매가 풍성한 흰색 드레스와 터번만 눈에 들어온다. 자세히 보면 어둠 속에서 하얗게 반짝이는 흑인 하녀의 눈과 코 입의 윤곽이 어렴풋이 떠오른다. 올랭피아의 발치에는 새카만 검정 고양이가 두 눈을 하얗게 뜨고 있다.

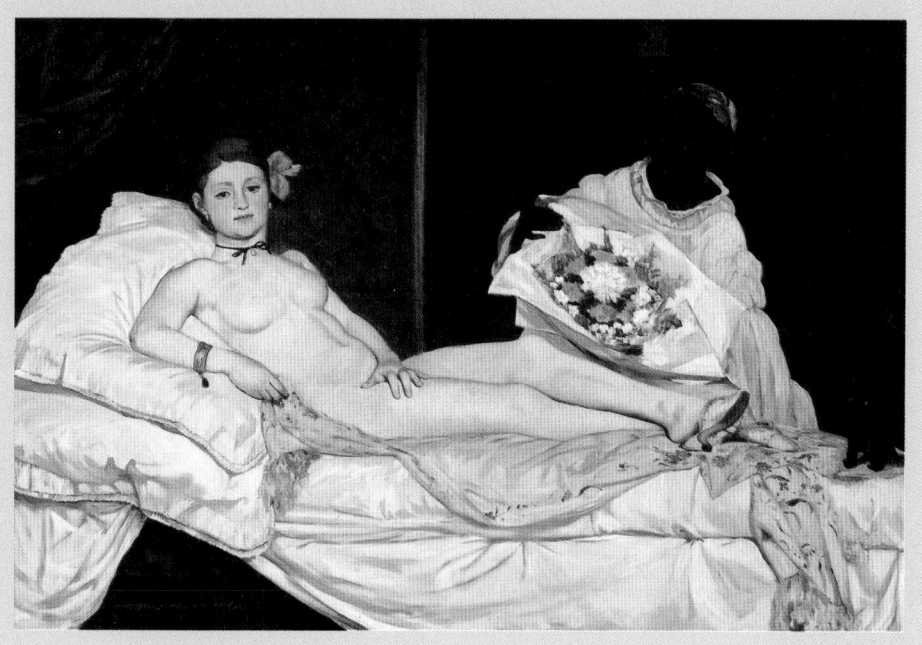

뭔가 예사롭지 않게 느껴지는 대담한 구도이다. 신화 속 세계가 아닌 현실 세계 속에서 아무리 하녀라 하더라도 다른 사람 앞에서 옷을 벗고 태연하게 누워있을 수 있는가? 누드 여인의 표정은 무심한 정도가 아니라 공격적이기까지 하다. 같은 해에 그려졌지만 〈풀밭에서의 점심〉보다 2년 뒤에 전시된 〈올랭피아〉(Olympia, 1863. 오르세 미술관)는 더 추잡하고 외설스러운 그림으로 매도되었다. 두 그림은 상승작용을 일으키며 마네의 악명을 드높였고, 모든 풍자화와 신문이 그의 그림을 조롱했다.

그중에서도 쥘 클라르티의 비판은 가장 직설적이다. "이 끔찍한 그림들, 관람객에게 도전하는 듯한 이 그림은 조롱인가, 패러디인가? 누르스름한 배를 드러낸 이 오달리스크(터키 황제의 처첩을 뜻하는 단어인데 나중에는 창녀의 의미가 되었고, 회화에서는 침대에 길게 누워 있는 이국적인 여성 누드를 일컫는 말이 되었다)는 도대체 무엇인가? 올랭피아를 표현한답시고 어디선가 주워온 모델 같은데, 올랭피아라니? 어떤 올랭피아? 고급 창녀일 뿐이다. 천박한 처녀를 이상적인 모습으로 표현했다고 마네 씨를 비난할 사람은 없다. 그는 걸레를 그렸으니까."

유명한 고답파 시인 테오필 고티에(Théophile Gautier, 1811-1872)도 불쾌감을 토로했다. "있는 그대로 봐준다고 해도 〈올랭피아〉는 침대 위에 누운 가냘픈 모델의 모습이 아니다. 색조가 더럽기 그지없다. (…) 반쯤 차지한 그림자는 구두약을 칠한 것 같다. 추하다고 말하고 싶지 않다. 하지만 가만히 들여다보면 이런저런 색의 조합으로 인해 이 그림은 아주 추해 보인다. (…) 정말 이 그림 속에는 아무것도 없다. 어떻게든 주목을 받아보려고 애쓴 흔적밖에는 없다."

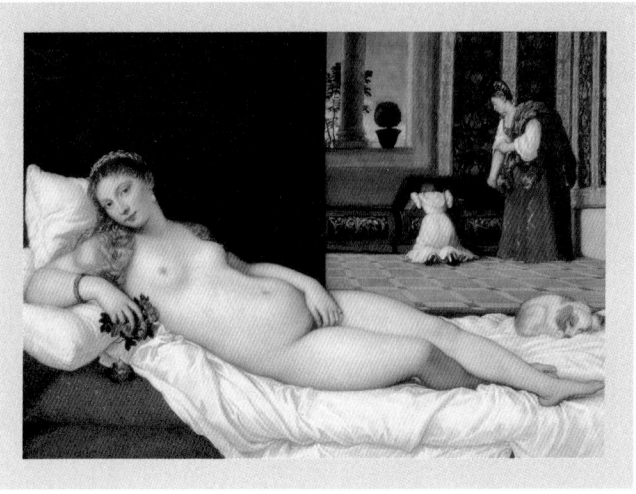

티치아노, 〈우르비노의 비너스〉(La Vénus d'Urbin, 1538).

비평가 에르네스트 셰노는 마네가 소묘의 기본조차 제대로 모른다고 모욕적인 언사를 썼다. 폴 드 생 빅토르는 "관객들은 영안실에 들어서듯이 마네 씨의 부패한 〈올랭피아〉 앞으로 몰려들고 있다."라는 극단적인 표현을 쓰기도 했다.

마네의 오랜 친구 앙토냉 프루스트(Antonin Proust, 작가 마르셀 프루스트가 아니다)의 회고담을 보면 악의적인 여론에 대한 마네의 좌절감이 생생하게 느껴진다. 어느 날 두 친구는 전시회장에서 나와 루아얄 거리 입구에 있는 아이스크림 가게에 함께 들어갔다. 점원이 신문을 가져오자 마네는 "신문에서 뭐라던가요?"라고 물으며 신문을 읽기 시작했다. 다 읽은 후 마네는 신문을 접고 한참을 가만히 앉

조르조네(Giorgione, 1477–1518), 〈잠자는 비너스〉(Sleeping Venus, 1508). 티치아노의 〈우르비노의 비너스〉는 조르조네의 이 그림을 그대로 따라 그린 것이다. 이처럼 과거의 명작들을 무수하게 다시 그리는 것이 서양 회화의 전통이었다.

아 있었는데, 그런 참담한 표정을 프루스트는 이전에 한 번도 본 적이 없었다고 했다.

거의 전례가 없을 정도로 마네는 관객과 비평가로부터 동시에 공격을 받았다. 그는 드가의 말처럼 가리발디만큼이나 유명해졌다. 길에 나서면 그를 보기 위해 사람들이 고개를 돌렸고, 공공장소에 나타나면 사람들은 무슨 괴상한 동물이라도 구경하듯 그를 가리키며 수군거렸다. 우산 끝으로 그림을 찢으려는 관객도 있었다. 〈올랭피아〉의 캔버스가 찢어지거나 파손되지 않은 것은 순전히 주최 측에서 조심스럽게 관리해준 덕이었다.

〈풀밭에서의 점심〉이 르네상스 시대의 화가 티치아노의 〈전원 음악회〉를 변용(變容, variante)했듯이, 〈올랭피아〉(1863)도 역시 티치아노의 〈우르비노의 비너스〉(La Vénus d'Urbin, 1538)를 변용해 그린 그림이다. 이 그림은 또 조르조네(Giorgione, 1477-1518)의 〈잠자는 비너스〉(Sleeping Venus, 1508)로 거슬러 올라간다. 백인 여인의 나체와 흑인 노예의 대비는 이미 앵그르가 〈오달리스크와 흑인 노예〉에서 그린 바 있으므로 이 역시 서양 미술의 전통과 맥을 같이 하고 있는 것이다.

그런데도 1865년 살롱 전에 걸렸을 때 사람들의 비난이 빗발쳐 주최측은 〈올랭피아〉를 전시장에서 철수시켜야만 했다. 르네상스 이래 여자의 누드 그림을 다반사로 그렸던 서구 미술사에서 도대체 무엇이 이 그림을 그토록 스캔들로 만들었던 것인가?

외설이 아니라 기법이 문제

군이 말해보자면 신화가 아니고 현실 속의 여인을 나체로 그렸다는 것이 문제였다. 보들레르를 연상시키는 외설적 분위기도 한몫 했다. 우르비노의 비너스 발치에는 개가 잠들어 있는데, 마네는 그것을 검은 고양이로 대체했다. 어두운 배경 속에 두 눈만 반짝이며 보일듯 말듯 숨어있는 이 고양이가 작품의 에로틱한 분위기를 한껏 고조시켰다. 당시 관객들은 이 검은 고양이를 보고 "발끝에서 머리끝까지/미묘한 기운, 위험한 향기/"라고 읊었던 보들레르의 시(詩) '고양이'를 즉각 떠올렸을 것이다.

여인의 손목에 차고 있는 팔찌 역시 "내 여인은 벌거벗었네/내 기분을 알아차리고/그녀는 소리 나는 보석만 걸치고 있었네"라는 구절로 알몸에 장신구만 걸친 여인의 육감적인 정경을 묘사하고 있는 보들레르의 시 '보석'을 연상시킨다.

사실 이 그림이 아니더라도 마네의 주제들은 보들레르를 강하

▶ 〈압생트를 마시는 사람〉, 마네, 보들레르의 시 〈넝마주이의 포도주〉를 연상시킨다. 마네의 그림 〈천사들과 그리스도〉, 〈롤라〉, 〈올랭피아〉등 여러점이 보들레르의 시와 그대로 대응된다. 마네는 들라크루아나 후세의 피카소처럼 많은 문인들로부터 찬사와 인정을 받은 화가였다. 처음에는 보들레르가 마네를 옹호했고, 에밀 졸라가 그 뒤를 이어 받았으며, 그 다음에는 스테판 말라르메, 이어서 폴 발레리 등이 끊임없이 그에게 찬사를 보냈다.

게 연상시킨다. 보들레르의 시(詩) 〈축도(祝禱)〉, 〈파리 사람들〉, 〈보석〉, 〈넝마주이의 포도주〉 등은 마네의 그림 〈천사들과 그리스도〉, 〈롤라〉, 〈올랭피아〉, 〈압생트를 마시는 사람〉 등과 그대로 대응된다. 11년 연상의 대 시인에 대한 젊은 화가의 경의가 느껴진다.

당시에 보들레르도 자신을 스스로 '저주받은 시인'이라고 명명할 정도로 독자들의 욕설과 비난에 시달린 사람이고 보면 비슷한 주제의 그림을 그린 화가에게 관객들의 비난이 쏟아진 것은 당연한 일이었다.

나체화 속의 꽃다발도 당시 사람들에게는 충격이었다. 그때까지만 해도 꽃과 같은 정물화는 정식의 그림 보다 한 단계 낮은 부차적인 그림으로 여겨졌었는데, 그런 하찮은 소재가 고대 화가들의 이상적인 그림인 누드화와 대등하게 그려져 있다는 것에 사람들은 놀라움을 금치 못했다.

진주가 달린 검은 목걸이와, 몸에 유일하게 걸치고 있는 슬리퍼 한 짝도 논란을 불러일으켰다. 1868년 비평가 토르(Thore)는 "무엇보다 그의 잘못은 범신론적인 사고에 있다. 그는 슬리퍼 한 짝과 사람의 머리에 똑같은 가치를 부여하고, 여인의 얼굴보다 꽃을 더 중시하는 우를 범하고 있다"고 공격했다.

그러나 이처럼 하찮은 물건에 가치를 부여하는, 소위 '범신론'이야말로 몇 년 후 한 세대를 풍미할 인상주의 미술운동의 주요 관심사가 된다. 이런 디테일에 있어서도 마네는 인상주의의 선구자가 된 것이다.

물론 비판만 있었던 것은 아니다. 보들레르, 졸라, 말라르메 등 당대의 위대한 문인들과 드가, 세잔 등 무수한 화가들이 그에게 찬사를 보냈다. 〈올랭피아〉 이후 마네는 단숨에 19세기 미술 혁명의 리더가 되었다. 나중에 드레퓌스 사건으로 유명하게 될 젊은 시절의 자연주의 작가 에밀 졸라(Emil Zola, 1840-1902)는 "당신은 생생하게 이 세상을 펼쳐냈고, 빛과 어둠의 진실, 사물과 인간의 실재를 독특한 문법으로 표현해 냈다"(〈새로운 그림의 기법〉, 1867)고 마네를 찬양했다.

화가 세잔(Paul Cézanne, 1839-1906)은 "우리의 모든 르네상스는 〈올랭피아〉에서 시작되었다."라고 말했으며, 드가는 마네가 죽었을 때 "그는 우리가 생각하는 것보다 훨씬 더 위대한 화가"라고 말했다. 20세기에 들어와 시인이며 작가인 폴 발레리(Paul Valéry, 1871-1946)는 마네의 그림을 19세기의 시대상과 연관 지어 "모든 수치심을 태연하고도 솔직하게 무시하는 여인의 부패한 자태, 완전한 나체를 드러내고 있는 야수적인 처녀상, 이것은 거대한 도시의 매춘 사업과 동물적이고 원초적인 본능으로 얼룩진 이 사회의 음부를 생각하게 한다."(1932)고 썼다.

그러나 비난이건 찬양이건 간에 당대의 그 어떤 비평가도 마네의 그림들이 왜 관객으로부터 외면당했는지, 그 혁명적인 성격이 무엇인지를 정확히 짚어 내지 못했다. 그로부터 백년 후 푸코가 마네는 단순히 인상주의만이 아니라 현대 미술을 가능케 한 화가라고 선언하면서, 그리고 그 30여년 후 푸코의 강연록 원고가 발견되어 사후 출판되면서 마네의 현대성은 강렬한 스포트라이트를 받게 되었다.

마네 회화의 혁명적인 성격

마네는 신문에 글을 쓰거나 그림에 관한 이론을 발표한 적이 없다. 생생하고 흥미진진한 편지를 많이 남겼지만 어디에서도 그림에 관한 이야기는 찾아 볼 수 없다. 이것이 동생 테오에게 보낸 편지에서 자신의 그림에 대한 생각을 자세히 보여주었던 반 고흐와 다른 점이다. 고작 1867년 개인전 팜플렛 서문이 미술에 관한 그의 글의 전부이다.

그 서문에도 우리가 기대하는 것 만큼의 과감하거나 혁명적인 이야기는 없다. 자신을 '마네'라고 3인칭으로 부르며 사람들의 비판에 대한 서운함을 나타내는 문장들은 힘찬 항의라기 보다는 오히려 조금 맥빠지는 무기력한 어조이다. "마네는 사실 대항하고 싶어 하지 않았다. 대항한 것은 오히려 마네의 반대편 사람들이다. 그들은 마네가 전통적인 화법, 외관, 필법, 형태를 외면했다는 것을 문제 삼았다. 하지만 문제는 전통적인 것들을 고집하는 그들이 다른 사람을 인정하지 않는다는 사실이다. 그들에게는 오직 양식(樣式)만이 중요하다. 그 외의 것들은 하등의 가치가 없다. 그래서 그들의 비평은 비판적이며 적대적이다."

굳이 이 서문이 의미가 있다면 나중에 미술사의 중요한 흐름인 인상주의에 그 이름을 제공하게될 단어가 처음으로 나온다는 정도이다. 다음의 문장이 그것이다. "이 작품들이 반항적인 이미지를 띠는 이유는 작가가 솔직하기 때문이다. 작가는 오직 자기 '인상'을 전하는 데만 관심을 둔다."

살롱전에서 거푸 낙선하고 개인전은 대중의 관심을 크게 끌지 못했으나 마네의 그림들은 벌써 전위예술을 표방하는 당시의 화가들에게 심대한 영향을 끼쳤다. 바질, 세잔, 모네, 르누아르를 비롯한 1860년대의 젊은 화가들에게 마네는 새로운 그림으로 가는 길을 열어주었다. 아카데믹한 화풍과는 거리가 먼 이들은 사실주의자, 고집쟁이들, 자연주의자등으로 불렸지만 우리에게 더욱 의미가 있는 것은 그들이 '마네파(派)'로 불렸다는 점이다. 1874년 이들은 자신들의 작품을 모아 전시하면서 '엥데팡당'(Indépendant)이라는 타이틀을 붙였는데, 그들이 바로 훗날 인상파로 불리게 될 화가들이다.

그러니까 마네는 그저 묵묵히 과감한 작품들을 발표했을 뿐, 떠들썩하게 미학적 선언을 하거나, 과거의 규범을 부정하는 우상파괴적 행동을 하지 않았고, 도발적 주제를 채택하지도 않았다. 〈풀밭에서의 점심〉이나 〈올랭피아〉에서 볼 수 있듯이 그는 오히려 매우 전통적인 주제를 자기 나름대로 재해석하여 그렸을 뿐이다. 당시의 관객들이 심한 불쾌감을 느낀 것은 신화 속의 여신이 아닌 현실 속의 여인이 나체로 그려졌기 때문이기도 하고, 거친 붓질로 대충 칠하는 그의 생략 기법 때문이기도 했다.

그러나 마네 회화의 진짜 혁명적인 성격은 화폭에서의 깊이와 조명에 관한 서양 회화 전통의 규약을 무시했기 때문이다. 관객들은 공연스레 나체의 퇴폐성만을 문제 삼았지만 실상 그들이 의식하지 못한 채 심하게 불편함을 느꼈던 것은 바로 이런 기법상의 문제였던 것이다.

푸코는 마네에게서부터 현대 미술이 시작되었다고 말한다. 마네는 르네상스 이래, 혹은 적어도 콰트로첸토(quattrocento, '1400년대'라는 뜻으로 이탈리아 문예부흥 초기의 화풍) 이래 그림의 내부, 재현의 내부에서 회화 공간의 성질 자체가 드러나도록 한 첫 번째 화가라는 것이다. 회화 공간의 성질을 그대로 드러냈다는 것은 전통 서양 회화의 기법인 환영주의(幻影主義, illusionism)를 거부했다는 의미이다. 그렇다면 환영주의가 무엇인지 우선 살펴 보기로 하자.

환영주의(幻影主義)

'회화 공간'이란 그림이 그 위에 그려지는 공간, 즉 나무 파넬, 캔버스, 종이 등의 물질적 사물을 뜻한다. 만일 벽화라면 프레스코가 그려진 벽면이 회화 공간이다. 종이든, 헝겊이든, 나무든 간에 여하튼 모든 회화공간의 성질은 2차원의 장방형의 평면이다. 납작한 사각형의 평면이라는 뜻이다. 누구네 집에나 한 두점 걸려 있어서 우리가 익히 알고 있는, 그리고 미국의 저명한 미술평론가 클레멘트 그린버그(Clement Greenberg, 1909-1994)가 이젤(easel, 畵架) 회화라고 이름 붙였던 서양 회화는 이와같은 4각형의 종이, 헝겊(캔버스) 또는 나무판에 그린 그림이다. 그린버그는 키치나 아방가르드 같은 용어를 만들어내면서 미국의 추상표현주의에 이론적 근거를 마련해 준 비평가이다. 특히 잭슨 폴록을 집중적으로 조명하여 그를 유명하게 만든 미술비평의 대가이다.

그런데 평평한 평면 위에 재현된 그림의 내용은 완전히 3차원

라파엘로, 〈아테네 학당〉(The School of Athens, 1509, 7.92×5.49m 바티칸), 율리우스 2세의 청으로 바티칸 궁에 있는 4개의 방에 그린 그림들 가운데 하나로, 전성기 르네상스의 고전적 양식을 보여주는 대표작이다. 플라톤과 아리스토텔레스를 중심으로 고대 그리스 철학자들이 한데 모여 있다. 둥근 천정 밑에 아폴로와 아테네의 상들을 안치한 벽감이 마치 현실 속의 조각처럼 웅장하고 우아하며, 건물 밖으로는 광활한 하늘이 보인다. 완전히 현실 속의 어떤 건물 속에 들어선듯, 우리는 그림 속으로 걸어 들어갈 수 있을 것만 같다. 이것이 바로 환영주의적 회화의 전형이다.

적인 공간이다. 회화적인 공간이 캔버스라는 실제적 공간을 제치고 들어서서, 실제로는 2차원의 평면임에도 마치 3차원의 것인양 보여지는 것이다. 15세기 이래 서구회화의 전통은 이처럼 회화가 2차원의 사각형 공간 위에 그려진 것이라는 사실을 애써 잊게 만드는 것이었다.

비스듬히 누워있는 비너스의 하얀 피부는 진짜 여인의 살결처럼 탄력 있는 부피감이 느껴지고, 식탁 위에 놓여진 포도와 복숭아는 당장 손으로 집어 먹고 싶을 정도로 달콤한 윤기로 빛나고 있다. 라파엘로의 〈아테네 학당〉(The School of Athens, 1509, 바티칸)은 거대한 건물의 아치형 홀이 깊숙히 파여져 있어서 우리는 그림 속 대리석 계단을 걸어 올라가 한없이 건물 안으로 들어갈 수 있을듯한 착각을 느낀다.

그냥 얇은 종잇장에 불과한 평면 위에 마치 현실처럼 전개되는 3차원의 세계는 그러나 실재(實在)가 아니고 어디까지나 가상(假像)이다. 우리가 거기서 3차원적 부피와 깊이를 느끼는 것은 우리의 환상일 뿐이다. 사람들에게 3차원적 환영(幻影)을 주는 것, 그것이 바로 14세기 이탈리아의 화가 지오토(Giotto di Bondone, 1267~1337)로부터 시작되어 19세기 사실주의 회화까지 이어져 내려온 서양 미술의 전통이다. 소위 환영주의(幻影主義, illusionism)이다.

지오토는 중세의 관념적인 평면 회화를 극복하여 화면에 입체감과 실재감을 표현할 수 있는 기법을 창시했다. 회화가 자연의 모방이라는 미의식이 그 철학적 근거였다. 자연을 모방하기 위해서는 그림이 자연과 최대한 닮아야 하며, 따라서 그림은 마치 실제의 대상을 보는 듯한 착각을 일으켜야만 한다. 그런데 자연은 3차원의 세계이다. 그러므로 마치 부피를 지닌 듯 입체적인 사람 또는 사물들이 3차원의 공간 안에 실제로 들어 있는 듯이 보이도록 평면 위에 환영(幻影)을 만들어야 한다.

실제로는 입체가 아니고 3차원도 아닌데 마치 종이 뒤로 광활한 들판이 펼쳐져 있는 듯한 환상을 주고, 실제로는 얇은 종잇장의 평면인데 거기에 실제의 과일이 놓여 있는듯이 착시 현상을 일으키는 것, 이것이 바로 회화 속의 3차원 환영(幻影), 또는 그림의 깊이(depth, profondeur)라고 일컬어지는 회화적 현상이다.

그러니까 지오토에서 쿠르베에 이르기까지 서양 회화의 유구한 전통은 평평한 표면 위에 3차원의 공간을 후벼 파는 것이었다. 마치 그림 뒤에 있는 벽을 움푹 파내 거기에 상자형 공동(空洞)을 만들고, 이 공동 안에 3차원의 세계를 펼치는 듯한 환영을 주는 것이다. 사람들에게 실재 같은 환영(幻影)을 주려는 목적으로 그려진 그림이라 하여 환영주의 회화라는 이름이 붙었다. 추상화가 나오기 이전 까지의 모든 서양 회화는 환영주의 회화였다. 신라 시대의 화가 솔거의 그림이 하도 사실적이어서 새들이 날아들어 벽에 머리를 부딪쳐 떨어졌다는 황룡사 〈노송도(老松圖)〉는 환영주의의 한국판 버전인 셈이다.

이와 같은 미학 개념은 19세기의 인상주의에서 점차 약화되고, 20세기에 이르러 추상화가 생겨나면서 거의 사라지게 된다.

전시회장에 가면 인기 있는 그림 앞에 사람들이 많이 모여 있어서 그것을 보려면 뒤에서 한참을 기다려야 한다. 그림은 옆에서 보면 안되고 반드시 정 중앙의 앞에서 보아야만 제대로 감상할 수 있기 때문이다. 그러나 좀 이상하지 않은가? 화폭은 얄팍한 장방형의 평면이어서 우리는 그 앞은 물론, 옆 그리고 뒤 까지도 돌아가 볼 수 있는데 왜 꼭 정 중앙 앞에서만 보아야 하는가? 뒷 부분은 벽에 딱 붙여 걸어 놓아 원천적으로 돌아갈 수 없게 해 놓았고, 왼쪽이나 오른쪽의 옆자리는 비어 있지만 그것도 필요없는 공간이다. 화가가 정 중앙 앞에서 보아야만 그림이 떠오르도록 그림 감상의 이상적인 자리를 고정시켜 놓았기 때문이다. 이것 역시 화폭의 물질성을 거부하고 은폐하는 경우이다.

마네 이전까지의 서양의 전통 회화는 그림이 4각형의 평면 위에, 즉 장방형의 표면 위에 그려졌다는 것을 부인하고 감추기 위해 사선과 나선을 즐겨 그렸다. 또 그것이 놓여져 있는 자리와 하루 중의 시간에 따라 빛의 효과가 달라지는 한 줌의 공간이라는 사실을 은폐하기 위해 그림 안에 내적 조명을 그려 넣었다. 화폭은, 그 앞과 옆 혹은 뒤로까지 돌아가 볼 수 있는 얄팍한 장방형의 평면이라는 사실을 은폐하고 부정하기 위해 그림의 정 중앙 앞에서 보아야만 제대로 드러나는 그림을 그렸다.

그러나 그림은 화폭 외부의 실제적 조명만을 받으며, 화폭은 그 앞에서 관객이 얼마든지 움직여 자리를 이동할 수 있는 물질적 사물에 불과하다. 평평하고, 외부의 실제적인 빛에 의해 조명되는 장방형의 표면이고, 그 주위, 혹은 그 앞에서 사람들이 얼마든지 움직일 수 있는 그런 성질을 가진 화폭의 물질성이 그림 자체에 의해 은폐되고 회피된 것이다.

회화는 마치 회화 공간 내부의 측면에서 오는 햇빛 혹은 조명에 의해 비쳐지는 깊은 공간처럼 그려졌다. 그리고 화가가 정해놓은 이상적인 자리에 서서 보면 그림은 마치 하나의 실제 장면인듯한 착각을 불러 일으킨다. 이것이 콰트로첸토 이후 서구의 재현적 회화가 교묘하게 회피하고 감추고 생략함으로써 현실감의 환상을 주려 했던 술책이었다.

마네는 이러한 환영주의를 거부했다. 그림에서 환영(幻影)을 빼내면 남는 것은 캔버스와 액자 같은 물질성뿐이다. 서양 회화가 그 때까지 교묘하게 피하고 감추는 것을 임무로 삼았던 화폭의 성질, 특성, 혹은 그 한계가 고스란히 드러나는 것이다. 그는 이 한계를 그림 안에서 그대로 드러내고 싶었다. 다시 말하면 물질성으로서의 회화를 그린 것이다. 그러니까 그림은 사람들의 눈을 속여 어떤 장면, 어떤 스토리를 전달하는 수단이 아니라 그 자체가 목적인, 곧이 곧대로의 사물이라는 것이다. 푸코는 이것을 오브제로서의 그림(tableau-objet)이라고 불렀다.

마네는 회화라는 오브제, 다시 말하면 물질성으로서의 회화, 오로지 외부에서만 빛이 비추어지고, 그 앞에 혹은 그 주위로 사람들이 한 바퀴 빙 돌 수도 있는, 채색이 된 사물로서의 그림을 그렸다. 이것이 마네가 실현시킨 가장 위대한 변혁이며, 그가 현대 미술의 선구자로 일컬어지는 이유이다.

푸코의 마네론

튀니스 강연

〈말과 사물〉(Les Mots et les choses, 1966)로 1960년대 중반에 프랑스 지식인 사회를 뒤흔들어 놓았던 철학자 미셸 푸코(Michel Foucault, 1926-1984)는 빗발치는 비난과 찬사의 소용돌이를 피해 1966년 머리도 식힐 겸 풍광이 아름다운 튀니지아의 휴양지 시디 부 사이드로 떠난다. 인간과 주체의 죽음을 선언한 그의 책은 현상학과 마르크시즘에 대한 공격으로 받아들여졌고, 특히 당시 사상의 대가였던 사르트르의 영향력에 치명적인 타격을 가한 것으로 여겨졌었다.

푸코는 1968년 여름까지 튀니스에 있으면서 집필과 강의를 했는데, 여기서 쓴 책이 1969년에 출간된 〈앎의 고고학〉(L'Archéologie du savoir)이다. 튀니스 대학에서의 강의는 4학년 미술사 강의였다. 한창 앎/권력 관계 연구에 진력하던 시기의 철학자가 회화 연구에 몰두하며 미술사 강의를 했다는 것이 조금은 의외다. 그러나 가시

벨라스케즈(Diego Velasquez, 1599–1660), 〈시녀들〉(Las Meninas, 1656). 푸코의 〈말과 사물〉은 이 그림에 대한 꼼꼼한 분석에서부터 시작한다. 거울 속 왕과 왕비의 희미한 이미지는 재현의 에피스테메에서의 인간 부재와 한 시대의 붕괴를 보여 준다. 인물들의 분산된 시선과 함께 뭔가 알 수 없는 그림의 불안정성은 바로 거기에서 유래한다고 푸코는 말한다.

성(可視性)과 언표(言表)라는 용어로 시각과 언어의 관계를 천착하는 것이 그의 인식론의 주요 목표였다는 것을 생각해 보면 회화에 대한 관심은 그의 철학에 이질적이거나 부수적인 것도 아니다. "가시성은 언표로 환원되지 않을 것이다"(les visibilités resteront irréductibles aux énoncés)라는 것이 〈앎의 고고학〉 전체를 관통하는 명제였기 때문이다

사실 푸코는 미술에 대한 관심이 지대했다. 이미 〈말과 사물〉의 도입 부분에서 벨라스케즈(Diego Velasquez, 1599-1660)의 〈시녀들〉(Las Meninas, 1656)을 분석하여 철학적 학술서에 다채로운 회화의 색깔을 입힌바 있다. 〈말과 사물〉 출간 후에는 벨기에의 화가 마그리트(René Magritte, 1898-1967)와의 서신 교환에서 마그리트가 마네의 〈발코니〉(Le Balcon, 1868-1869)를 과감하게 변용한 것에 대해 자세히 알고

마그리트, 〈이미지들의 배반〉(La Trahison des images)(1929), 62.2×81, Los Angeles County Museum. 화가는 파이프 그림의 아래 '이것은 파이프가 아니다' 라는 문장을 써 넣었다. 푸코는 이것을 제목으로 삼아 마그리트에 관한 책을 썼다.

싶다는 생각을 표명했다. 마그리트는 발코니에 서 있는 세 인물을 세 개의 관(棺)으로 대체하여 〈원근법 II : 마네의 발코니〉(Perspective II: Le Balcon de Manet, 1950)라는 제목을 붙였던 것이다. 나중에 푸코는 마그리트의 회화에 대한 인식론적 분석이라고 할, 〈이것은 파이프가 아니다〉(Ceci n'est pas une pipe, 1973)를 단행본으로 써냈다.

튀니스의 미술사 강의에서는 주로 콰트로첸토 시기의 미술을 환등기로 보여주며 테마별로 작품들을 구분해 분석했다. 특히 공간의 구성, 빛, 인체재현의 방식을 강조했다고 한다. 마사치오 (Masaccio, 1401-1428)의 〈낙원에서 추방된 아담과 이브〉(Adam et Eve chassés du paradis)에 많은 시간을 할애했고, 학생들에게 이때 이미 인체 해부에 의한 기법이 처음으로 사용됐다는 역사적 사실도 알려 주었다.

나중에 '마네'에 대한 강연에서 푸코는 르네상스 시대의 특징적 장면 구성들, 예컨대 화가와 관람자의 판옵틱한 자리, 빛의 내적 체제, 공간 배분과 시선의 배분에 의한 인물들의 관계설정 등을 자세하게 언급하고 있는데, 이것이 모두 이때 축적된 연구의 결과 이다.

마네에 대한 강연은 1967년에 밀라노, 1970년에 도쿄와 플로렌 스, 1971년에 튀니스 등에서 세 번 이루어졌는데 모두 일반인을 상대로 한 공개 강연이었다. 1966년에는 마네론인 〈검정과 색채〉 (Le Noir et la couleur)를 미누이 출판사와 계약했다. 그러나 이 책은 쓰 여지지 않았다. 마네에 관한한 푸코의 태도는 불가사의하다.

그는 마네가 19세기의 회화사에서 회화적 재현의 양식과 기법 을 수정하여 인상파 운동을 가능하게 했을 뿐만 아니라, 더 나아 가 20세기 회화 전체를 가능하게 했으며, 마네에게서부터 현대 예 술이 싹텄다고 선언했다. 그러나 이렇게 중요하게 생각하는 화가 에 대한 강연록의 원고는 남아있지 않고, 미누이사와 계약한 마네 론도 쓰지 않았다. 게다가 생전에 마네에 관한 저서 발간의 의향 도 전혀 밝힌 바 없다.

튀니스 대학 강연의 녹취록이 우연히 발견되어, 강연이 행해진 지 30년 뒤인 2001년 4월 프랑스 미학회 논문집에 실렸고, 이 강 연록을 토대로 그 해 11월 '미셸 푸코, 하나의 시선'이라는 타이틀 의 콜로키엄이 열렸으며, 여러 학자들의 발표문과 함께 드디어 2004년 그의 짧은 강연문이 〈마네의 회화〉(La Peinture de Manet, Seuil)라 는 책으로 묶여 나오게 되었다. 그가 죽은지 20년 만이었다.

푸코는 마네가 공간처리, 조명의 문제, 관객의 자리 등 세 가지 점에서 혁명적인 변화를 이루었고, 그것이 20세기의 현대미술을 여는 계기가 되었다고 말한다.

마네는 우선 화폭이 수평 수직의 평면적 사물이라는 것을 강조했다. 〈오페라 극장의 가면 무도회〉(Le Bal masqué à l'Opéra)에서 벽의 기둥과 발코니는 수직과 수평의 선(線)을 형성하면서 화폭의 장방형을 그림 안에서 다시 반복하고 있다. 전경(前景)에 가득 들어찬 사람들은 그림에서 깊이를 제거하여 한 번 더 화폭의 평면성을 강조한다. 〈막시밀리앙의 처형〉(L'Exécution de Maximilien)도 마찬가지다. 〈뛸르리 공원의 음악회〉(La Musique aux Tuileries) 등 8개 그림을 예로 들며 푸코는 마네가 그림의 공간 처리를 통해 면적, 높이, 넓이 같은 화폭의 물질적 성질을 그대로 보여주었다고 말했다.

두 번째로는 내적 빛의 말살이다. 마네의 그림에는 내적 빛이 없다. 그림의 내부에서 비치는 빛을 그리는 것이 아니라 외부의 실제적 빛을 이용했다. 그의 그림에는 화폭의 외부에서 수직으로 쏟아져 내려와 그림 위를 눈부시게 골고루 정면에서 비춰주는 빛만 있을 뿐이다. 그 결과 이탈리아 회화에서처럼 장엄한 수사(修辭)와 매혹이 관객을 장면 속으로 인도하는 것이 아니라 관객이 장면에서 완전히 배제된다. 〈피리부는 소년〉(Le Fifre)등 4개의 그림이 그러하다.

마지막으로, 관객의 자리는 한 곳에 고정되어 있지 않다는 것을 보여주기 위해 교묘한 거울의 조작을 시도했다. '관객의 자리' 문제에서는 단 하나의 그림만을 세밀하게 문법적으로 해석하고 있다. 〈폴리-베르제르 바〉(Un bar aux Folies-Bergère)가 바로 그것이다. 푸코는 이 작품이 마네 평생의 모든 실험이 압축적으로 들어 있는 가장 중요한 그림이라고 생각한다.

푸코는 이렇게 공간, 조명, 관객의 자리라는 세 항목의 분석을 위해 마네의 작품 13점을 선택했다. 그 13개의 퍼즐 조각을 맞춰 보면 우리는 마네라는 인물의 수수께끼를 풀 수 있을 것이다.

공간처리

환영주의를 거부하면 남는 것은 화폭의 물질성인데, 화폭의 물질성이란 구체적으로 화폭이 사각형, 2차원의 얄팍한 평면이라는 이야기이다. 사각형은 다름 아닌 가로와 세로의 교차 축이므로, 수직과 수평의 선을 강조하거나 그림에서 깊이감을 제거하면 그것이 바로 화폭의 물질성을 드러내는 일이 될 것이다. 또 캔버스는 씨줄과 날줄이 짜여진 헝겊이다. 그러므로 씨줄과 날줄을 닮은 가느다란 가로 세로 줄들을 무수하게 교차시켜 그리면 그것이 또한 캔버스의 물질성에 대한 환기가 될 것이다.

〈뛸르리 공원의 음악회〉
_플라뇌르

파리의 19세기는 문학과 예술을 사랑하는 모더니스트들로 카페와 거리가 넘쳐 흘렀던 시대이다. "관찰자는 익명으로 모든 곳에서

즐기는 왕자다"라는 보들레르의 말처럼 풍요와 환락의 도시 곳곳
이 관찰자의 은밀한 시선에 의해 포착되어 시(詩)로, 혹은 회화로
남겨졌다.

이 은밀한 관찰자들은 특별한 목적 없이 도시의 공원을 산책하
거나 사람들이 북적이는 거리를 거닐면서 새로운 도시적 삶을 즐
겼다. 한가롭게 거리를 배회하다가 세련된 인테리어의 카페에 들
러 커피를 마시거나 술을 마시며 마음에 맞는 친구들과 고급의 담
론을 펼치기도 했다. 당시 지배계급으로 부상한 부르주아 계층의
이 젊은이들은 경제적으로 여유가 있고 대중에 비해 높은 문화적
수준을 지니고 있어서 새로운 도시적 삶을 여유롭게 즐길 수 있었
다. 보들레르는 이들을 모던 시대의 '시민 영웅'으로 찬양하며, '플
라뇌르'(flâneur, 한가롭게 거니는 사람)라고 명명했다.(《현대적 삶의 화가》 Le
peintre de la vie moderne, 1863)

보들레르가 모더니스트의 특수한 전형으로 제시한 플라뇌르의
개념은 곧 예술가의 상징처럼 되었다. 플라뇌르의 개념은 거리의
정경과 군중의 모습으로 인상주의 회화에서 구현되었다. 플라뇌
르는 파리의 광장과 거리 그리고 카페나 바 등 도시 삶의 곳곳을
가득 메운 군중들이기도 하지만 드물게는 고독하게 홀로 사색하
는 사람 또는 압생트 술에 취한 사람이기도 했다.

군중의 익명성과 예술가의 섬세함을 갖춘 플라뇌르는 당시에
가장 전형적인 예술가 상(像)이었다. 플라뇌르는 '어린아이와 같은
동물적인 황홀감'과 모더니티의 찰나적 인상 사이의 긴장을 즐겨
야 하며, 그렇다고 쉽게 만족과 놀라움을 표시하지도 말아야 하

고, 오만하게 무감각해야 한다고 보들레르는 말했는데, 이것은 그가 특이한 의미를 부여한 댄디(dandy, 예술적 멋쟁이)의 미학이기도 했다. 많은 모더니스트 화가들이 보들레르의 플라뇌르 개념에 고무되어 플라뇌르적 시각을 선택했다. 모든 '덧없고, 일시적이고, 우연한' 것들이 모더니티의 특성으로 간주되 었다.

공원에서의 연주를 즐기기 위해 모인 군중을 그린 마네의 〈뛸르리 공원의 음악회〉(La Musique aux Tuileries, 1861-1862, 76×118cm, National Gallery of London)도 일종의 플라뇌르 그림이다.

앙토냉 프루스트의 회고담에 의하면 마네는 거의 매일 2시에서 4시 사이에 보들레르와 함께 뛸르리 공원을 산책했다고 한다. 공원의 아름드리 나무 아래에서 뛰노는 아이들과 벤치에 앉아 있는 유모들을 그리고 있으면 사람들은 화가가 그림 그리는 모습을 호기심 어린 눈으로 바라보았다고 한다. 이 회고담을 읽으면 마네가 마치 인상파 화가들처럼 주로 야외에서 그림을 그린것 같지만 실은 그렇지 않다. 야외에서는 스케치만 하고 그림은 전부 화실에서 그렸다.

여하튼 〈뛸르리 공원의 음악회〉는 그가 즐겨 산책하던 공원의 한 모습이다. 화가라면 "모던 시대의 삶에서의 영웅주의와 우아한 삶의 풍경을 그려야 하고, 그 영원성과 순간성의 움직임을 관찰해야 한다"는 보들레르의 말대로 마네는 파리 사교계 인사들이 참여한 공원의 숲 속 음악회 모습을 마치 스냅 사진 찍듯이 그렸다.

드레스와 실크햇으로 단장한 수많은 남녀 인물들은 군중의 그림에서 화가들이 흔히 그렇게 하듯이 거의 모두 마네와 절친한 사람들이다. 그는 자신의 얼굴까지도 슬쩍 끼워 넣었다. 제일 왼쪽에 서 있는 수염 난 신사가 마네 자신이고, 바로 옆 사람은 작가 샹플뢰리이다. 시인 보들레르와 작곡가 오펜바흐도 보이며, 오른쪽 긴 나무 둥치 앞에 실크 헷을 쓴 채 몸을 숙이고 있는 사람은 마네의 동생 외젠느 마네이다.

무수한 수직선의 나무들

초기 작품 중의 하나인 이 그림에서 마네는 쿠튀르 아틀리에에서 배운 정통 서양 회화의 기법을 모두 사용하고 있다. 그러나 이미 미세한 변화의 싹이 보인다. 푸코는 그것을 수직선과 수평선의 교차에서 감지한다.

화면 위 한 중간에 삼각형으로 조그마하게 뚫린 연 푸른색 하늘이 있고, 여기서부터 장면의 전경(前景)을 비추는 모든 빛이 쏟아져 내려온다. 이 하늘을 기점으로 그림은 가로와 세로의 두 개의 커다란 축을 이루고 있다. 삼각형 하늘의 밑 꼭지점에서 그림의 하단까지 내려 그은 수직선과 뒷 줄에 있는 사람들의 머리를 죽 이은 수평선이 그것이다.

그러나 수직선은 하나가 아니다. 화면의 상단까지 쭉쭉 뻗어 오른 나무 줄기들이 무수한 수직선으로 화면을 잘게 분할하고 있다. 이것은 캔버스가 사각형의 형태라는 것을 그림 속에서 되풀이 상기시키려는 숨은 의도가 아닐까? 화가는 그림의 장면 속에 가로와 세로의 무수한 선을 그림으로써 그림의 실제 공간인 캔버스가 2차원의 평면이라는 것을 보여주고 싶었을 것이다. 이것이 푸코의 독특한 마네 읽기의 시작이다.

깊이의 문제는 이 그림에서 아직 심하게 강조된 것은 아니다. 장면 전체가 눈높이 아래에 있어서 우리는 음악회에 운집한 군중들을 가볍게 내려다 볼 수 있다. 뒤에 전개되는 장면들도 흐릿하게나마 쉽게 눈에 들어온다. 그러나 전면의 인물들이 거의 완전히 뒤의 장면을 가리고 있어서 화폭은 깊이가 많이 파여지지 않았다. 인물들은 여기서 일종의 평면적인 소벽(小壁)을 형성하고 있다.

〈오페라 극장의 가면무도회〉

그림의 깊이를 제거하여 납작한 그림을 만든 것 중에서는 〈오페라 극장의 가면무도회〉(Le Bal masqué à l'Opéra, 1873-1874, 60×73cm, Washington DC, National Gallery of Art)가 가장 두드러진다. 가면무도회가 열리고 있는 홀은 시원하게 탁 트여져 있지 않고 벽이 밭게 우리 앞을 가로 막고 있다. 중절모를 쓴 검정색 복장의 남자들, 역시 검정색의 가운을 걸치고 가면을 쓴 여인들이 벽 앞의 좁은 공간을 가득 메우고 있다. 알록달록한 옷의 어릿광대 한 명, 밝은 옷의 여인 서너 명을 빼고는 거의 모든 사람들의 옷이 검정색이다.

사람들의 옷 색깔이라도 밝았으면 앞이 좀 시원해 보였으련만, 시커먼 옷과 모자들이 공간감을 완벽하게 차단한다. 배경은 벽으로 차단되어 있고, 전경(前景)은 의상의 검은 색으로 가려져서 공간은 완전히 닫혀진 채 답답하기 그지없다. 답답하다는 것은 그림에 깊이가 없다는 의미이다.

발레 공연장에 운집한 사람들을 주제로 한 살바토레 페라가모

의 광고 사진에서 언뜻 이런 소벽(小璧) 효과를 느낀 적이 있다. 광고 사진작가가 아마도 마네의 회화에서 영감을 얻은 것은 아닐까.

〈오페라 극장의 가면무도회〉는 11년 전에 그려진 〈뛸르리 공원의 음악회〉와 같은 구도지만 그러나 이미 공간적 균형이 많이 달라져 있다. 거의 비슷한 주제를 다루고 있지만, 〈뛸르리 공원의 음악회〉보다 화폭의 물질적 공간이 더 잘 드러나 있다. 그림 안의 깊이를 없애고 공간을 완전히 닫음으로써 그림 자체 안에 화폭의 물질적 성질이 고스란히 드러나 있기 때문이다.

〈뛸르리 공원의 음악회〉에서도 별로 강조되지는 않았지만 하여튼 있기는 있었던 깊이가 여기서는 두터운 벽에 의해 완전히 막혀 있다. 그림의 배경을 닫아서 깊이의 효과를 완전히 차단했다. 뒤가 벽이라는 것을 강조하기라도 하려는듯 두 개의 커다란 기둥과 2층 발코니의 가로 막대 난간이 화면의 위 테두리를 이루고 있다. 그림 내부에서 다시 한 번 거대한 장방형의 화폭이 반복되고 있는 것이다. 장방형의 평면이라는 화폭의 공간적 성질이 그림의 내용 자체에 의해 이런 식으로 암시되고 있다.

깊이의 효과가 지워졌을 뿐만 아니라 그림의 하단과 장면 사이의 거리가 짧아서 모든 인물들이 앞으로 튀어 나와 있는 형국이다. 그림은 거의 평면으로 납작하게 눌려져 있어서 깊이가 있기는커녕 일종의 부조(浮彫) 같다.

유일하게 열려진 공간은 그림 윗부분이지만, 그것 역시 2층 발코니의 난간이다. 〈뛸르리 공원의 음악회〉에서는 위가 작은 삼각형의 하늘이어서 거기서부터 빛이 쏟아져 나왔는데 이 그림의 위

◀〈오페라 극장의 가면무도회〉, 마네. 이층 난간의 굵은 들보로 화면은 커다란 장방형과 위의 가느다란 장방형으로 나뉜다. 여기서도 그림은 캔버스의 물질적 조건인 장방형을 다시 반복하고 있다. 전경의 앞 부분까지 가득 들어찬 사람들로 화면은 빽빽하고 답답하다. 한 마디로 깊이가 없고 평면적이다. '캔버스는 평면이다'라는 것을 보여주기 위한 마네의 전략이라고 푸코는 말한다.

는 2층 난간에 걸려 있는 발과 사람들의 바지들로 채워져 있다. 마치 그림이 여기서 다시 시작한다는 듯이, 마치 비슷한 장면이 끊임없이 위로 이어질 것이라는 듯이, 그림의 상단은 아래층 무도객과 비슷한 사람들의 다리 부분으로 시작되고 있다.

화면의 상단에서 아래로 내려와 흔들거리고 있는 두 개의 발은 어쩐지 비현실적이어서, 이것은 현실적 지각의 공간이 아니라 다만 화폭의 위에서 아래로 한 없이 확장되고 반복되는 평면의 유희일 뿐이다,라고 말해 주는 듯하다.

〈막시밀리앙의 처형〉

〈막시밀리앙의 처형〉(L'Exécution de Maximilien, 1867, 252×303cm, Mannheim, Stadtlische Kunsthalle)은 제2제정 시대 나폴레옹 3세에 의해 멕시코 황제로 책봉되었던 막시밀리앙이 1867년 7월 1일 멕시코 독립군 후아레스에게 잡혀 처형되는 장면을 그린 그림이다. 르누아르는 이 그림을 보고 화상(畵商) 볼라르에게 "이건 완전히 고야로군. 하지만 마네는 마네가 아닌적이 없었어."라고 말했다.

사실 이 그림은 고야의 〈1808년 5월 3일〉(Le 3 Mai 1808)을 변용한 것이다. 그러나 구도만 같을 뿐 그림의 분위기는 전혀 다르다. 고야의 그림에는 비장한 웅변과 수사가 들어있지만 마네의 그림에는 극적인 요소나 감정의 개입이 전혀 없다. 처형당하는 사람은 포연(砲煙)으로 얼굴이 지워져 아무런 표정을 읽을 수 없고, 총알을 다시 장전하는 오른쪽 군인의 표정은 무덤덤하기까지 하다.

답답하게 벽으로 가로막힌 전경(前景)은 역시 화면 공간에서 깊

▶ 〈막시밀리앙의 처형〉, 마네. 화폭의 장방형이 다시 그림 안에서 벽으로 반복되었고, 전경 앞으로 바짝 붙은 인물들로 그림에는 깊이라고는 없다. 총살 당하는 사람의 얼굴은 포연으로 표정이 지워지고, 뒤에서 총을 장전하는 병사의 얼굴은 무표정그 자체이다. 도저히 처형 장면이라는 비장감을 느낄 수 없다. 그것이 마네의 의도였다. 그림은 그림일 뿐, 어떤 서사에도 종속되지 않는다는 것을 보여주기 위해 그는 일체의 감정 표현을 배제했다.

고야, 〈1808년 5월 3일〉(Le 3 Mai 1808), 마네의 〈막시밀리앙의 처형〉은 이 그림을 변용한 것. 나폴레옹의 군대에 저항하다가 처형 당하는 평범한 민중들의 모습이다. 총 살 당하는 흰 셔츠의 남자의 두 손바닥에 는 피 흘린 상처가 있고, 두 팔은 나무 가 지처럼 쳐들려 있어서, 완전히 십자가 책형 (磔刑)의 자세이다. 고야 그림의 이 비장미 와 마네 그림의 무관심은 심한 대조를 이 룬다.

이를 제거한다. 벽 위에는 작은 인물들이 오종종하게 모여 처형 장면을 구경하고 있다. 앞 부분이 좁아서 관객은 눈을 들어 돌 담 위를 바라 볼 수밖에 없는데 그것이 그림의 주제인 사격수와 희생 자를 보지 못하게 만든다. 여기서 내적 빛은 제거되어 있다. 왼쪽 상단에 아주 좁게 푸른 하늘의 띠가 있지만 그것은 그림 전체에 빛을 비추기에는 역부족이다.

그러고보면 그림 내부에는 어디에도 빛의 근원이 없다. 화폭 밖 에서 그림을 골고루 비추고 있는 실제의 조명이 있을 뿐이다. 내적 빛이 없고 빛은 오로지 화폭의 앞에서만 온다는 것을 우리는 인물 들의 그림자로 알 수 있다. 병사들과 처형 받는 인물들의 그림자가 모두 화폭의 안쪽으로 나 있다는 것은 조명이 그림의 밖앝, 즉 관객이 서 있는 자리에서 비춰진다는 것을 의미하기 때문이다.

이 그림에서도 공간은 커다란 벽에 의해 완전히 막혀 있다. 왼쪽 상단 푸른 하늘 부분이 약간의 전망으로 파여 있기는 하지만 커다란 담벼락이 가깝게 우리의 시야를 가로 막고 있어서 화폭은 전혀 깊이가 없이 답답하다.

〈오페라 극장의 가면무도회〉가 그랬듯이 〈막시밀리앙의 처형〉에서도 벽은 화폭을 모방하여 4각형의 평면이다. 담벼락의 하단과 상단의 수평선이 병사들의 직립 수직선과 교차된다. 여기서도 화폭 고유의 물질적 성격인 수평과 수직의 선이 그림 내부에서 증식되고 반복된다.

모든 인물들이 좁은 장방형의 같은 평면 위에 촘촘하게 한데 모여 있어서 처형 소대와 희생자들 사이에는 거리감이 전혀 없 다. 처형 소대의 총부리가 거의 희생자들의 가슴에 닿을 지경이다. 같은 평면 위에 있고 거리가 없으므로 키가 같아야 함에도 불구하고 희생자들이 처형자들보다 훨씬 작게 그려져 있다. 이것은 르네상스 이전의 고전적 기법으로, 인물들을 각기 다른 면에 분 할 배치하지 않고 단지 작게 그리는 것만으로 거리감을 주는 방식이다.

여기서도 우리는 마네의 은밀한 실험정신을 볼 수 있다. 르네상스 이래 4백년간 서양 회화를 지배했던 원근법을 사용하지 않고 굳이 콰트로첸토 이전의 회화 기법으로 돌아간 것은 원근법적 질서가 지배하는 서양 회화의 전통에 대한 일종의 항의 표시로 볼 수 있기 때문이다.

몬드리안, 〈부두와 대양〉(Pier and Ocean), 무수한 사각형의 구도로 유명한 몬드리안도 처음에는 평범한 나무 그림을 그렸고, 나무 줄기들을 차츰 기하학적 선으로 해체했으며 마침내 이와 같은 격자 무늬를 만들어냈다. 마네가 보르도 항구에서 시도했던 섬유 조직의 격자 무늬를 몬드리안은 한층 대담하게 추상화 한것이다.

〈보르도 항구〉

〈보르도 항구〉(Le Port de Bordeaux, 1871, 166×100cm, Zurich, collection Buhrle)에는 선박들이 가득 들어차 있다. 한 옆의 물길만 빼고는 촘촘히 정박한 배들이 시야를 가득 메우고 높이 솟은 마스트의 수직선과 접어 올린 돛의 횡선들이 섬세하게 교차되어 있다. 마치 공부에 싫증난 중학생이 종이 위에 연필로 한없이 가로 세로 줄을 그어 미세한 격자 무늬를 만든것만 같다. 피륙의 짜임새를 연상시키는 이 미세한 격자 무늬는 화면의 공간이 씨줄과 날줄의 교차로 이루어진 캔버스라는 것을 암시하고 있다.

칸딘스키(Wassily Kandinsky, 1866-1944)와 함께 추상미술을 발견한 몬

◀〈보르도 항구〉, 마네. 항구에 정박해 있는 배들의 무수한 돛대가 마치 공부에 싫증난 중학생이 종이 위에 연필로 한없이 가로 세로 줄을 그은것처럼 미세한 격자 무늬를 이루고 있다. 피륙의 짜임새를 연상시키는 이 미세한 격자 무늬는 회화 공간이 씨줄과 날줄로 이루어진 캔버스에 불과하다는 것을 암시하고 있다.

드리안(Piet Mondrian, 1872-1944)도 1910-14년에 그린 나무 그림에서 직각으로 교차되는 선(線)들의 유희를 끌어내 마치 피륙의 짜임새 혹은 바둑판같은 효과를 낸 적이 있다. 마찬가지로 마네도 수직과 수평의 유희를 통해 화폭의 물질적 공간을 기하학적으로 재현하고 있다.

무수하게 많은 배들이 몰려 있음에도 그림에는 전혀 양감(量感)이 느껴지지 않는다. 그림 장면의 두께를 최대한으로 축소시켜 깊이를 없앤 것은 역시 화폭의 평면성을 나타내기 위한 것이다.

〈아르장퇴이유〉

파리에서 가까운 센 강변의 아르장퇴이유는 19세기에 마네, 모네, 르누아르, 시슬레, 드가 등의 화가들이 많이 살았던 지역이다. 그들이 주로 여기서 풍경화를 그렸기 때문에 이들 화가들을 아르장퇴이유 그룹이라고도 한다. 그러나 마네와 드가는 풍경화에 별로 관심이 없었다는 점에서 아르장퇴이유 화가들과 구분된다. 1870년대에 야외에서 가끔 그림을 그리기는 했어도 마네는 근본적으로 인물화가였고, 카페나 바 같은 도시적 환경에 친숙했다.

〈뱃놀이〉와 함께 〈아르장퇴이유〉(Argenteuil, 1874, 149×115cm, Tournai, Musée des Beaux-Arts)는 그의 그림 중 드물게 인상파적 주제를 택한 것으로, 마네와 그의 부인 쉬잔 레엔호프가 강에서 서민적인 뱃놀이를 하고 있는 장면이다. 두 부부가 앉아 있는 나무 벤치와 그들 왼쪽 옆에 화폭의 상단까지 이어진 큰 마스트가 수직으로 교차되고 있다. 수직의 돛대는 화폭의 세로 선을 되풀이하고 있고, 수평선

▶ 〈아르장퇴이유〉, 마네. 수직의 돛대와 벤치의 가로선이 역시 캔버스의 물질적 조건인 장방형을 반복하고 있다. 두 남녀가 입은 셔츠와 원피스의 무수한 가로세로줄도 예사롭지 않다.

베르탈(Bertall)의 캐리커쳐, '일뤼스트라시옹'지 1875년 5월 29일자, "좀 우울한 살롱 전시장에서 한 바탕 웃을 수 있게 해준 마네 씨가 고맙군."이라는 캡션이 달려 있다.

과 벤치의 선은 화폭의 가로 선을 되풀이하고 있다. 더군다나 두 남녀 인물의 옷도 가로 세로의 줄무늬이다. 여기에 재현된 것도 역시 정확히 섬유의 짜임새이다.

강을 배경으로 했기 때문에 그림의 깊이도 꽤 있을법한데 그 역시 기대에는 못미친다. 당시 '르 주르날 아뮈장'이라는 신문에서 이 그림을 풍자하고 있는 캐리커쳐를 보면 당시 관객들이 여기서 전혀 깊이를 느끼지 못했다는 것을 알 수 있다. 만화 속의 두 남녀는 이렇게 대화를 나눈다.

– 이건 마네와 마네 부인이죠./– 뭐하고 있는거죠?/– 배위에 앉아 있는 걸로 보이는데요./– 그럼 저 뒤에 푸른 벽은 뭐지요?/– 센 강입니다./– 확실해요?/– 그럼요, 저도 들은 얘깁니다.

넓은 강을 배경으로 한 〈아르장퇴이유〉에서조차 마네는 강물을 벽처럼 그려 화폭의 깊이를 차단하고 있는 것이다.

〈온실에서〉

〈온실에서〉(Dans la serre, 1879, 115×150cm, Berlin, Staatliche Museen Preussischer Kulturbesitz, Nationalgalerie)만큼 수평 수직선의 유희와 함께 그림의 공간과 깊이가 거의 폐쇄될 정도로 제한돼 있는 그림도 아마 찾아보기 힘들 것이다. 푸르름이 가득한 온실 안 나무 벤치에 여인이 비스듬히 앉아 있고, 남자는 벤치 뒤에 몸을 숙여 기대선 채 여인에게 무슨 이야기를 하고 있다. 벤치의 철제 난간 가로 막대는 그림의 한 중간을 자르는 수평선이고, 가로막대 아래쪽으로 꽂힌 가느다란 장식 기둥들은 철막대와 교차하는 수직선들이다. 수직과 수평의 선(線)들의 교차는 그것만이 아니다.

그림 전체가 벤치의 바닥과 난간 가로 막대로 네 번 수평의 줄이 그어져 있고, 그 수평의 줄은 여인의 흰색 양산에 의해 다시 반복된다. 그림 전체가 이 수평 수직의 선들 주변에서 혹은 거기서부터 정밀하게 구성되어 있다.

벤치 바닥에 부채 살같이 펼쳐진 드레스의 주름이 수평적인가 하면, 양산에서 여인의 무릎까지의 깊은 주름은 다시 수직선이다. 그림 한 가운데 벤치 난간 위에서 밝게 빛나는, 남자와 여자의 두

손은 역시 수직 수평선의 교차를 보여준다.

인물의 바로 뒤 드문드문 분홍색 꽃이 섞인 짙은 초록색 나무 줄기와 잎사귀들은 너무나 무성하고 촘촘하여 그 어떤 시선도 뚫을 수 없을 것 같은 절대적 배경을 이루고 있다. 마치 촘촘히 짜여진 초록색 태피스트리, 아니면 장식 벽지 같다. 이 초록색의 공간은 인물과의 거리도 너무 짧아 도무지 이 그림에 깊이라고는 없다.

여인은 완전히 앞쪽으로 튀어 나와 있고, 너무나 관객 쪽으로 나와 있어서 화면에 다리는 보이지도 않는다. 무릎 한 쪽도 보이지 않는다. 그림에 깊이를 주지 않기 위해 여인의 몸을 앞으로 바짝 붙여 그린 것임이 분명하다. 여인의 뒤에 있는 남자도 앞으로 심하게 숙여서 우리와 그 사이의 거리는 극히 짧다.

〈맥주홀 여급〉

종이나 헝겊은 표면(表面, recto)과 이면(裏面, verso)의 앞 뒤 두 면을 가진 물질적 공간이다. 그림은 종이에 그리거나 혹은 헝겊(캔버스)에 그린다. 그러므로 화폭은 수직과 수평의 선으로 되어있는 장방형의 평면이면서 동시에 표면과 이면을 가진 공간이다. 그런데 르네상스 이후 서양 미술은 화폭의 이런 물질성을 애써 부정하려 했다. 평면이라는 것을 감추기 위해 깊이의 환영을 주었고, 앞뒷면을 가진 공간이라는 것을 은폐하기 위해 모든 인물들로 하여금 앞만 바라보게 했다.

〈맥주홀 여급〉(La serveuse de Bocks, 1879, 77.5×65cm, Paris, 오르세 미술관)은 화폭이 앞뒷면을 가진 물질적 공간이라는 것을 우리에게 새삼 깨

◀ 〈온실에서〉, 마네. 온실의 나뭇잎들은 너무나 촘촘하여 마치 초록색 태피스트리 아니면 벽지 같다. 관객과 인물과의 거리도 너무 짧아 그림에 깊이라고는 없다. 캔버스는 2차원의 얇은 평면이라는 것을 말하기 위해 마네는 이처럼 깊이가 없는 그림을 그린 것이다.

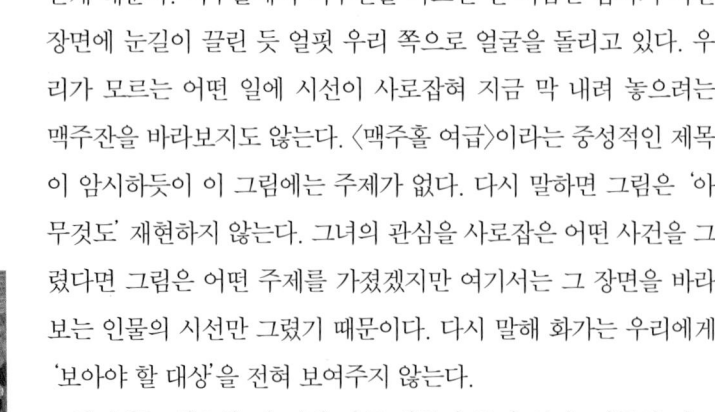

닫게 해준다. 맥주홀에서 맥주잔을 나르던 한 여급은 갑자기 어떤 장면에 눈길이 끌린 듯 얼핏 우리 쪽으로 얼굴을 돌리고 있다. 우리가 모르는 어떤 일에 시선이 사로잡혀 지금 막 내려 놓으려는 맥주잔을 바라보지도 않는다. 〈맥주홀 여급〉이라는 중성적인 제목이 암시하듯이 이 그림에는 주제가 없다. 다시 말하면 그림은 '아무것도' 재현하지 않는다. 그녀의 관심을 사로잡은 어떤 사건을 그렸다면 그림은 어떤 주제를 가졌겠지만 여기서는 그 장면을 바라보는 인물의 시선만 그렸기 때문이다. 다시 말해 화가는 우리에게 '보아야 할 대상'을 전혀 보여주지 않는다.

화면에는 최소한 세 명의 다른 인물이 들어 있다. 여급의 바로 앞에 파이프 담배를 피우는 옆모습의 남자, 그의 왼쪽으로 모자만 보이는 남자, 그리고 그림의 왼쪽 끝에 무대에서 노래하는 여가수인듯한 여자가 그들이다. 이 그림의 첫 번 버전에서는 사람들이 바라보는 것이 노래하고 춤추며 지나가는 카바레의 여가수였다. 그러나 이 두 번째 버전에서 마네는 여가수의 장면을 잘라냈다. 여자의 모습은 마치 사진을 짜른 듯, 아니면 피사체가 렌즈 안에 들어오지 못했다는 듯, 흰 드레스의 3분의 1 부분과 한 쪽 팔, 그리고 실낱 같은 머리칼만 겨우 보인다. 여가수의 얼굴은 보이지 않으니 그렇다 치고, 두 남자는 완전히 서로 다른 방향을 보고 있다. 그들이 무엇을 보는지도 우리는 알 수 없다. 왜냐하면 그림은 거기까지만 그려져 있기 때문이다. 그들이 보는 장면은 우리에게서 벗어나 있다.

전통적 회화에서라면 무언가를 보는 사람들을 그릴 때, 그들이

▶ 〈맥주홀 여급〉, 마네. 인물들의 시선이 정 반대의 방향을 바라보는 것은 캔버스가 앞면과 뒷면을 가진 얇은 평면이라는 것을 보여주기 위한 것이고, 왼쪽 위에 절단된 여가수의 몸은 우키요에 혹은 사진술의 영향이다. 전통적인 회화에서는 화가가 대상을 완전히 장악하여 쓸데 없는 것은 치우고 주제가 되는 대상만을 중심에 크게 그린다. 그러나 그런 구도는 사실과 거리가 먼 허구일 뿐이며, 대상에 대한 진정한 시각이 아니다. 처음에는 여가수의 몸을 온전하게 그려 넣었다가 (이 그림의 첫번째 버전, 위의 작은 그림) 두번째 버전에서 다시 여가수의 몸을 절단하여 그린것에서 우리는 마네의 의도를 확인하게 느낄 수 있다.

마사치오, 〈성전세(聖殿稅) 바치기〉(Le Paiement du tribut) Masaccio, 플로렌스 카르미네 교회의 프레스코화. 예수가 가버나움에 들어가기 위해 세리에게 성전세를 바치는 장면이다. 제자들 중 아무도 돈을 가진 사람이 없었으므로 예수는 베드로에게 바다에 낚시를 던져 필요한 동전을 가져 오도록 명령한다. 성 베드로가 물고기의 입을 벌리고 동전을 꺼내고 있는 왼쪽 부분이 그것이다. 이 그림에서부터 내러티브 페인팅(서사적 회화)이라는 지오토적 회화 개념이 크게 발전했다. 전통적 회화에서는 무언가를 보는 사람들을 그릴 때 그들이 보고 있는 장면을 관람객도 볼 수 있도록 한다. 예컨대 이 그림에서 둘러선 사람들이 바라보는 것은 성전세를 내고 있는 베드로의 모습이다.

보고 있는 장면도 함께 그린다. 예컨대 마사치오의 〈성전세(聖殿稅) 바치기〉(Le Paiement du tribut)에서 둘러선 사람들이 바라보는 것은 성 베드로가 세리에게 은화를 전달하는 장면이다. 그들이 바라보는 것이 그림 속에 주어져 있고, 따라서 우리도 그것을 볼 수 있다. 그런데 〈맥주홀 여급〉에서 최소한 얼굴이 보이거나 암시된 세 인물은 같은 것을 바라보고 있지 않으며, 그림은 그들이 바라보는 것을 우리에게 보여주지도 않는다.

서로 반대 방향을 보는, 그러니까 종이의 이면과 표면을 바라보는 상반된 시선만 있을 뿐이다. 두번째 버전에서 여가수의 모습을 잘라내 흔적만 남겼다는 것은 마네의 의도를 명백하게 보여준다. 그것은 당시의 사진술 혹은 우키요에의 영향을 반영한다.

〈맥주홀 여급〉은 비가시성쪽으로 돌려진 시선을 그린 그림이다. 이 사람이 보는 것은 화면의 앞이고, 저 사람이 보는 것은 화면의 뒤이지만 우리는 그 어느것도 볼 수 없다. 캔버스의 아주 얇팍한 두께는 그렇게 넓은 가시성을 확보할 수 없기 때문이다. 그러므로 표면과 이면의 두 면을 가진 화폭의 공간은 가시성이 드러나는 장소가 아니다. 그것은 오히려 비가시성을 확보해 주는 공간이다. 여급과 손님의 상반된 시선의 방향을 통해 그림은 절대적 비가시성을 보여주고 있다. 우리가 볼 수 있는 것은 오로지 바라보고 있는 그들의 시선일 뿐이다.

〈철도〉

〈생-라자르 역〉이라고도 불리우는 〈철도〉(Le Chemin de fer, 1872-1873, 93×114cm, Washington DC, National Gallery of Art)도 〈맥주홀 여급〉과 마찬가지로 화폭의 이면(裏面)-표면(表面) (verso-recto)성을 잘 드러내 주는 그림이다. 마네에 대한 일본 미술의 영향은 나중에 자세히 살펴 보겠지만 이 그림은 일본의 목판화 〈여인숙의 젊은 여인들〉(우타마로, 1795)과 구도가 똑같다.

이 작품에서 마네는 마지막으로 빅토린 뫼랑의 모습을 담는다. 〈풀밭에서의 점심〉과 〈올랭피아〉에서 도발적인 시선으로 극심한 스캔들을 야기시켰던 그 여인이다. 10년 전의 교만한 눈빛은 많이 조심스러워졌고 차분해져서, 같은 사람이라는 것이 믿기지 않을 정도다. 어린 소녀의 옆에서 졸고 있는 강아지를 무릎에 안고 있는 빅토린은 여기서 인자한 엄마 역을 맡은 것 같다. 어쨌든 그녀

〈여인숙의 여인들〉, 기타가와우타마로(喜多川歌麿)), 1795, 목판화. 철책 앞에서 서로 다른 곳을 바라보는 두 여인의 구도가 마네의 〈철도〉와 똑같다. 우리는 흔히 자포니즘 하면 모네나 반 고흐를 떠올리지만 마네에 대한 일본 미술의 영향도 만만치 않다.

는 철책 뒤 생 라자르역에서 피어오르는 하얀 연기에 전혀 관심이 없어 보인다. 이 풍경은 훗날 모네에게 특별한 인상을 준다.

여기서도 철로변 철책의 수직과 수평의 격자는 화폭의 가로 세로 선을 되풀이하고 있다. 그리고 완전히 앞과 뒤를 바라보는 거꾸로 된 두 인물은 적나라하게 캔버스의 베르소-렉토(앞 뒷면)를 강조해 준다. 여자는 정면으로 얼굴을 돌려 우리를 바라보고, 소녀는 우리에게 등을 돌려 반대쪽을 바라보고 있다. 여자는 호기심에 가득 찬 눈초리로 앞을 바라보고 있지만 우리는 그녀가 보는 것을 볼 수 없다. 왜냐하면 그 장면은 화폭의 앞에 있기 때문이다. 어린 소녀가 보는 것도 우리는 볼 수 없다. 철책 너머로 지나가는 기차

◀ 〈철도〉, 마네. 캔버스의 물질성을 보여주는 세 가지 요소가 들어있다. 철책의 수직 수평의 격자는 캔버스의 장방형을 반복하고 있고, 증기 기차의 김으로 하얗게 막힌 배경은 그림에 깊이를 없앴고, 두 인물이 서로 반대 방향을 바라 본다는 것은 캔버스의 렉토-베르소(앞 뒷면)를 강조하고 있는 것이다.

모네, 〈생 라자르역〉, 수증기로 후경을 막아 그림에 깊이를 없앤 마네의 〈철도〉는 모네에게 깊은 인상을 남겼다. 기차 역의 그림은 여행지의 풍경화나 뱃놀이와 함께 인상주의자들이 즐겨 그렸던 소재인데, 그것은 여가와 산업이 19세기 서구 모더니티 사회의 양면이라는 것을 보여준다. 샤피로와 같은 미술사가는 인상주의가 부르주아 도시 문화의 소산이라고도 했다.

와 그 너머의 경치가 시원한 깊이감으로 보여질 수도 있으련만 기차에서 피어오르는 수증기가 배경을 가득 메워 우리의 시야를 가리고 있기 때문이다. 소녀의 머리 위로 발돋움하거나 아니면 그림을 한 바퀴 빙 둘러 뒤로 돌아가야만 우리는 그 장면을 볼 수 있을 것이다.

화폭이 표면과 이면을 갖고 있는 평면이라는 것을 마네는 이런 식의 그림 구도로 보여 주었다. 이때까지 그 어떤 화가도 화폭의 표면과 이면을 가지고 유희를 한 화가는 없었다. 그의 그림은 관객으로 하여금 자리를 이동해 그림의 뒤로 돌아가 마침내 문제의 장면을 보고 싶은 마음이 들게 한다.

화폭의 앞 뒷면의 성질을 가지고 교묘한 놀이를 하는 마네의 유희는 화폭의 물질성을 담보하기도 하지만 또 한편으로는 가시성을 통한 비가시성의 드러냄이라는 야심찬 전략도 수행한다. 화폭 안에서 당연히 비가시적일 수밖에 없는 어떤 것을 인물들의 시선을 이용해 우리에게 지시하고 있기 때문이다. 가시성을 통해 비가시성을 보여주는 방식을 그림 자체 속에서 작동시킨 화가는 회화의 역사상 마네가 처음이었다고 푸코는 말한다.

깊이의 문제에서도 이 그림의 유희는 아주 심술궂다. 〈오페라 극장의 가면 무도회〉는 아예 깊이가 벽으로 막혀 있지만, 후경(後景)이 훤히 뚫려 있어야 할 〈철도〉에서도 지나가는 기차의 증기가 그것을 교묘하게 감추고 있다. 이런 교묘한 감춤은 우리가 '조명의 문제'에서 보게 될 〈발코니〉에서도 나타난다. 거기서도 깊이 파여 있어야 할 발코니 뒤의 실내는 한 낮의 역광으로 인해 캄캄한 그늘을 형성하고 있다.

조명의 문제

원근법과 조명

얇은 2차원의 평면 위에 그려진 그림을 깊이가 움푹 패인 3차원의 그림처럼 보이게 만드는 것이 서구 전통회화의 환영주의 기법이라는 것을 앞에서 우리는 살펴 보았다. 그렇다면 2차원의 평면이 3차원인양 우리 눈을 속일 수 있는 것은 구체적으로 어떤 트릭에 의해서인가? 그것은 원근법에 의해서이다.

르네상스 시대 이탈리아의 건축가 알베르티(Leon-Battista Alberti, 1404-1472)에 의해서 창안된 원근법은, 가까이 있는 물체는 크게 보이고 멀리 있는 물체는 작게 보인다는 시각적, 광학적 원리에 근거한 것이다. 두 줄로 제일 앞의 나무를 가장 크게, 그 안쪽으로 다음 나무들을 차츰 작게 그려서 그 끝 부분을 연결한 대각선이 한 데 모일 때까지 그리면 화면 속에는 아득하게 멀리 뻗은 가로수 길이 생긴다. 이것이 원근법이다. 양쪽 나무의 선(線)들을 죽 이어서 만나게 되는 지평선의 한 점이 소실점(消失點)이다.

원근법의 일부이기는 하지만 단축(短縮, foreshortening, raccourci) 기법이라는 것도 있다. 크기의 비례를 조정하여 실제와 같은 효과를 내는 것이다. 예컨대 누워 있는 사람을 머리 부분에서 바라보고 그릴 때 머리는 크게 그리고 가슴과 얼굴은 아주 작게 머리에 달라붙어 있는 듯이 그리는 것이다. 실제 인체의 비례와 상관없이 어느 부분을 짧게 축소해 그림으로써 현실 속에서 바라보는 것과 같은 환상을 주는 것, 그것이 단축 기법이다.

알베르티는 〈회화론〉에서 원근법을 제창했지만, 빛의 재현 방법과 채색법에 대해서도 아주 중요한 견해를 제시했다. "색은 빛과 어둠에 따라 밝아지거나 어두워진다"라는 그의 말이 서양회화사에서 명도에 대한 최초의 본격적인 논의였다. 소위 색채 원근법이다. 눈과 대상 사이의 공기층이 빛에 의해 명도와 색상이 달라진다는 광학 이론을 적용하여 화면의 근경(近景)은 강하고 선명하게, 중경(中景)은 중간 정도, 원경(遠景)은 흐리고 엷게 칠하면 이것역시 그림이 안쪽으로 깊숙이 파여 들어간 듯이 보이게 된다.

인체나 사물의 입체감도 색상의 차이나 명암으로 표현할 수 있다. 예컨대 같은 색이라도 팔의 양쪽 부분을 진하게, 중간 부분을 흐리게 처리하면 도톰한 팔의 입체감을 얻을 수 있다. 이처럼 음영(陰影)을 통해 인물에 입체감을 주는 방식을 모델링(modeling, modelage)이라고 한다. 여기서 빛의 문제가 제기된다.

내적 조명

전통 서양회화에는 두 개의 빛이 있었다. 화폭 밖의 실제의 빛과 그림 속의 빛이 그것이다. 회화는 작품이기 이전에 우선 액자와 캔버스로 구성된 물질이다. 물질로서의 그림은 그것이 아틀리에에 놓여있을 때면 아틀리에 창밖의 햇빛 또는 실내의 전등 불빛을 받으며, 만일 박물관 관람실에 걸려 있다면 천정에 달린 조명등의 불빛을 받는다. 이것이 화폭 밖의 실제의 빛이다.

그런데 회화에는 또 하나의 빛이 있다. 즉 그림의 내용 안에 그려진 빛이다. 벨라스케즈의 〈시녀들〉에서는 그림의 오른쪽 위에 창문이 있다. 빛은 거기서 부터 들어와 공주와 화가 그리고 시종들을 비추고 있다. 〈진주 귀걸이의 소녀〉(Le Collier de perles, 1662-1664)로 유명한 네델란드 풍속화가 베르메르(Jan Vermeer, 1632-1675)의 〈우유를 따르는 하녀〉(La Laitière 1658-1660)에서도 빛은 왼쪽 창문으로부터 들어와 하녀의 오른 쪽 목덜미에 온통 어두운 음영(陰影)을 드리우고 있다. 17세기 네델란드의 화가 혼토르스트(Gerrit van Honthorst, 1590-1656)의 〈만찬〉(Supper Party), 〈예수의 어린 시절〉, 〈중매쟁이〉 등의 그림을 보면 서양 전통 회화의 내적 조명이 무엇을 의미하는지 확실하게 알 수 있다. 그림 안에 촛불이 켜져 있고 그 촛불을 받는 위치에 따라 사람들의 얼굴이 환하게 또는 어둡게 처리되어 있다.

인체나 사물에 부피감을 주는 것은 바로 이러한 그림 속의 빛, 즉 내적 조명이다. 그림에서의 부피감은 음영의 효과인데 음영은 반드시 어디에선가 빛이 오기 때문에 생기는 것이다. 전통적 서양 회화를 자세히 보면 그림의 장면 안에 반드시 광원(光源)이 있다.

혼토르스트, 〈중매쟁이〉(Matchmaker). 그림 안에 촛불이 켜져 있고, 그 촛불을 받는 위치에 따라 사람들의 얼굴이 환하게 또는 어둡게 처리되며, 그것이 인물에 볼륨감을 주고 장면을 입체적으로 만든다. 카라바지오나 혼토르스트의 그림을 보면 서양 전통 회화의 내적 조명이 무엇인지 잘 알 수 있다.

어디선가 빛이 들어오는 부분이 있다는 이야기다. 인물의 그림자, 음영, 양각(陽刻), 입체감 같은 것이 모두 이런 조명의 효과이다. 콰트로첸토 초기, 특히 카라바지오에서 이런 방법적 빛의 효과가 강조되었다.

그러나 그림의 깊이가 한갓 환영(幻影)이고 가짜였듯이 그림 속의 빛 또한 인위적인 거짓말에 불과하다. 캔버스가 그냥 사각형의 평면에 불과한데 그 안에 어디서 빛이 온다는 말인가? 〈만찬〉 테이블의 촛불에서 나오는 빛이 회식자들의 얼굴을 환하게 혹은 어둡게 만들고 있지만, 얇은 헝겊인 캔버스 속의 어디에 촛불을 킬 수 있단 말인가? 빛은 캔버스의 밖에서 오는 것일 뿐 그림 속의 빛이란 있을 수 없다. 납작한 4각형의 평면인 캔버스는 화가의 아틀리에 혹은 전시장의 벽면에 걸려 있다가 창문을 통해 들어오는 햇빛, 혹은 천정의 조명등 불빛을 받고서야 환하게 빛날 뿐이다. 이것이 있는 그대로의 그림의 진실이다. 마네는 처음으로 이 진실을 그림으로 표현했다.

두 개의 이질적인 조명 체계
-〈풀밭에서의 점심〉

마네의 독창성은 그림에서 환영(幻影)을 걷어내, 수백년간 내려온 서양 회화의 규약을 위반했다는 점이다. 캔버스는 앞면과 뒷면을 가진 얄팍한 4각형의 평면이며 빛은 그 평면의 밖에서 오는 실제의 빛 밖에 없다는 것을 그는 그림으로 표현했다. 결론부터 말하면 그의 그림에는 광원(光源)이 없다. 그러니까 내적 조명이 없고 캔버스 밖 조명등에서 쏟아져 내리는 외적 조명이 있을 뿐이다.

그러나 〈풀밭에서의 점심〉은 조명에 관한한 아직 확신이 서지 않은 듯 두 개의 조명 방식이 병치돼 있는 그림이다.

그림을 자세히 보면, 후경(後景) 한 중간에 나뭇잎 틈새로 삼각형의 연 푸른색 하늘이 보인다. 이 세모꼴의 하늘에서 발원(發源)하는 빛이 샘물에 엎드린 여인의 몸을 스쳐가듯 비쳐주며 그녀의 얼굴에 음영을 드리운다. 그림 내부의 빛에 의해 인물에 음영이 지는 전통적인 조명 방식이다. 이 빛은 두 그루의 밝은, 불타는 떨기나무(구약 성경 출애굽기에 나오는 구절이다)에 이르러 사라져 버린다. 그 앞의 전경(前景)은 다시 새카만 나뭇잎이다.

화면 속의 하늘에서부터 비쳐지던 후경 속의 빛은 두 그루의 떨

〈풀밭에서의 점심〉

기나무에 부딪쳐 사라져 버렸다. 그런데 완전히 벗은 여인의 몸매
는 마치 일본의 목판화 우키요에(浮世繪)에서처럼 에나멜 같이 매끈
하다. 아무런 양각(陽刻)도, 음영도 없다. 옷을 벗은 여자도, 검정 옷
을 입은 남자들도 모두 납작하고, 음영 없고, 입체감이 없어 마치
흰 색판, 검정 색판을 오려 붙인 듯하다. 인물들의 몸에 아무런 음
영이 없다는 것은 어느 쪽에서도 빛이 비춰지지 않는다는 의미이
다. 아무런 빛도 비춰지지 않는데 그들의 모습이 환하게 보인다는
것은 조명이 정면에 있다는 의미이다.

정면에서 수직으로 쏟아지는 빛이 여인의 벗은 몸과 두 남자의
얼굴 위로 후려치듯 쏟아져 내리고 있다. 위에서 내리 꽂히는 정
면의 빛이란 무엇인가? 그것은 그림의 외부, 즉 관객의 시선 쪽에

서 비춰지는 빛이다. 예컨대 우리가 캄캄한 아틀리에 혹은 미술관의 홀에 들어가 불을 키고 그림 앞에 섰을 때 그림 위로 쏟아져 내리는 현실 속의 실제 조명이다.

그러니까 두 개의 재현 체계, 두 개의 조명 체계가 한 그림 안에 병치되어 있다. 후경의 빛은 전통적인 내적 조명이다. 그러나 전경의 빛은 마네 특유의 외적 조명 방식이다. 하나의 그림 안에 들어있는 두 방식의 체계가 이 그림에 뭔가 부조화한 이질감의 기분을 준다. 19세기의 관객들이 이 그림에 불쾌감을 보였던 것은 여인의 나체 때문이 아니라 전통적 조명 기법에서 벗어난 이 부조화의 기분 때문이었다고 푸코는 말한다.

본격적인 외적 조명
-〈올랭피아〉

전통적 내적 조명과 마네 특유의 외적 조명이 함께 들어 있던 〈풀밭에서의 점심〉과는 달리 〈올랭피아〉는 철두철미하게 외적 조명을 사용한 과감한 작품이다.

〈풀밭에서의 점심〉과 마찬가지로 〈올랭피아〉가 극심한 스캔들을 야기한 것은 역시 여자 누드의 문제가 아니라 빛의 문제 때문이었다. 많은 미술사가들은 이 그림에 대한 도덕적 스캔들이 미학적 스캔들을 표출하는 서투른 방식이었다는데 동의한다.

그렇다면 사람들이 의식하지 못했던 미학적 스캔들은 무엇인가? 우선 순수한 색조(aplat)가 문제였다. 순수한 색조란 음영 혹은 농담(濃淡) 없이 똑같은 색조가 한결같이 고르게 칠해져 있다는 뜻

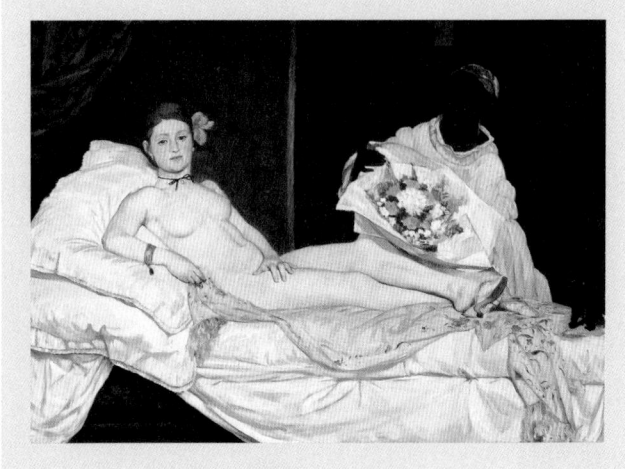

<올랭피아>, 농담(濃淡)이나 그라데이션 없이 고르게 칠하면 부피감이 전혀 느껴지지 않아 인체는 납작한 종이 그림이 된다. 얄팍하고 납작한 올랭피아의 몸은 아무런 볼륨감이 없어서 육감적이기는 커녕 마치 짚을 넣은 인형만치나 메마르고 빈약하다. 이 역시 '그림은 그림일 뿐이다'라는 것을 보여주기 위한 마네의 전략이다. 뒷 배경이 어둡게 처리된 것은 그림 안에 내적 조명이 없다는 것을 의미한다. 조명은 캔버스의 밖에서 오는 실제 조명만 있을 뿐이다.

이다. 요즘의 일러스트레이션, 혹은 만화 캐릭터를 주제로 하는 팝아트에서 쉽게 볼 수 있는 색조 처리이다.

마침 여기 내 책상 위에 주말 판 신문의 표지 사진이 눈에 들어온다. 바닷가에 일러스트로 인물들을 배치한 이 그림에서는 해 변에 앉아 있거나 서 있는 사람들 혹은 바다 속으로 걸어가는 사람들이 모두 수영 팬티를 입은 남자들인데, 수영 팬티는 짙은 옥색, 몸은 종잇장처럼 하얀 색, 머리칼은 흑단처럼 까만색이다. 그 세 가지 색은 완전히 고르게 칠해진 파랑, 하양, 검정이어서 마 치 같은 색의 색종이를 형태만 다르게 오려내 여기 저기 붙인 듯하다.

만일 전통적 방식으로 이 장면을 수채화로 그렸다면 같은 사람의 몸이라도 위치에 따라 짙은 색 엷은 색 혹은 그라데이션

마네의 그림을 설명할 때 '순수한 색채'라는 말은 음영 혹은 농담(濃淡)없이 똑같은 색조가 한결같이 고르게 칠해져 있다는 뜻이다. 요즘의 일러스트레이션이나 팝아트 계열의 회화에서 쓰는 기법이다. 젊은 화가 윤기원의 그림에서 보이는, 거의 물감을 섞지 않은 '날 것 그대로'의 원색이 바로 그것이다.

(gradation, 색조의 단계적 변화)이 있게 칠해졌을 것이다. 농담이나 그라데이션 없이 한결같은 색조로 칠해진 색채, 그것이 우리말로 '순수한 색채'라고 번역된 프랑스어의 아플라 (aplat, '납작하게 하다'라는 뜻의 동사 aplatir의 명사형)이다. 농담과 그라데이션이 없으면 부피감이 전혀 느껴지지 않아 인체는 납작한 종이 그림이 된다.

마네의 그림이 바로 그것이다. 앉아 있거나 비스듬히 누워있는 여인의 윤곽을 흰 종잇장에 그려 가위로 오려 낸 후 검정 색조의 배경에 붙이면 그대로 〈풀밭에서의 점심〉이나 〈올랭피아〉가 될 정도다. 얄팍하고 납작한 올랭피아의 몸은 아무런 볼륨감이 없어서 육감적이기는 커녕 마치 짚을 넣은 인형만치나 메마르고 빈약하다. 당시의 비평가 폴 만츠가 마네의 인물들을 '인간으로서는 함량 미달'이라고 말한 것도 이런 납작한 몸매에 대한 불쾌감의 표시였던 것이다.

르네상스 이래 서양화가들은 대가의 아틀리에에서 원근법, 조명법, 색채 구사법 등 기본적인 회화기법을 도제식으로 엄격하게 수업한 후 정식 화가가 되었다. 그런 분위기의 19세기 서양 화단에서 마네처럼 하나의 인물 혹은 사물을 명암 혹은 그라데이션 없이 똑같은 색조로 칠하는 것은 도저히 있을 수 없는 일이었다. 물론 마네의 색채 처리가 컴퓨터로 작업하는 현대 일러스트, 또는 아크릴로 채색하는 팝아트 화면처럼 완전한 순수 색채는 아니다. 그러나 〈올랭피아〉가 모델로 삼고 있는 티치아노의 〈비너스〉와 비교해 보면 마네의 그림이 얼마나 납작한지를 실감할 수 있다.

〈우르비노의 비너스〉

〈우르비노의 비너스〉에서는 그림의 오른 쪽 실내가 환하게 보여 여인의 발치에서 잠자는 강아지와 궤에서 뭔가를 찾고 있는 두 하녀의 모습, 그리고 카펫과 장막의 무늬까지도 선명하게 보인다. 가리개로 반쯤 가려진 침대를 비추는 것이 왼쪽으로부터의 조명이라면 실내의 오른쪽 모서리를 비추는 것은 정면에 반쯤 보이는 창문으로부터의 자연광이다. 어쨌건 빛은 내적 조명이다.

침상의 시트는 심하게 구겨져 있고, 왼쪽 위편에서 오는 빛이 여인을 부드럽게 비춰 얼굴, 가슴, 다리가 금빛으로 빛난다. 이것이 바로 회화에서 육체를 가시적으로 만들어주는 전통적인 방식이다. 티치아노의 비너스가 가시적인 것은 거기에 그녀의 육체를 비춰주는, 측면으로부터의 은근한 빛이 있기 때문이다. 차분한 빛이 여인의 몸을 부드럽게 감돌고 있고, 얼굴은 발그레 홍조를 띠었으며, 풍만한 육체는 손에 잡힐 듯 탄력적이다. 우리가 이 누드를 느긋이 감상할 수 있는 것은 여인의 몸을 이처럼 관능적으로 만들어주는 빛의 유희 덕분이다.

올랭피아를 누드로 만든것은 관객의 시선

〈올랭피아〉에서는 가리개 오른쪽 흑인 하녀가 서 있는 부분이 완
전히 까맣게 칠해져 있다. 테오필 고티에가 '구두약을 칠한듯이'
라고 말했던 부분이다. 뒤로부터 아무런 빛도 오지 않는다는 이
야기다. 빛은 이 그림의 밖에, 다시 말하면 캔버스의 앞에서부터
온다.

우르비노의 비너스가 우리 눈에 보일 수 있었던 것은 측면에서
오는 부드럽고 은근한 빛 때문이었는데, 올랭피아의 가시성은 정
면에서 마치 채찍처럼 내려치는 빛 때문이다. 〈풀밭에서의 점심〉
전경(前景)이 정면에서의 조명을 받았듯이 〈올랭피아〉에서도 빛은
앞에서 온다.

내적 조명을 없애고 화폭 앞의 실제의 빛에 의존한다는 것은,
구체적으로 전경의 장면을 환하게, 배경은 어둡게 칠한다는 것을
의미한다. 〈올랭피아〉의 전경에서는 여인의 하얀 나체와 흑인 하
녀의 흰 색 드레스가 환하게 빛나고 있는데, 배경은 온통 어두운
검정색이다. 전통적인 내적 조명과 혁신적인 외적 조명이 나란히
들어 있는 〈풀밭에서의 점심〉을 거쳐 〈올랭피아〉는 마침내 관객을
조명등의 자리에 세웠다.

〈올랭피아〉의 빛이 관객의 자리에서부터 온다는 것은 빛의 근
원이 바로 우리 자신이라는 이야기이다. 누드, 조명, 그리고 누드
와 조명의 유희를 바라보는 관객, 이 세 요소가 여기에는 없다. 누

드만 있고, 조명 대신 우리 자신이 있을 뿐이다. 다시 말해 올랭피아의 누드를 열고 거기에 조명을 비추는 우리들의 눈이 있을 뿐이다. 우르비노의 비너스를 가시적으로 만드는 것이 그림 안의 조명이라면 올랭피아를 가시적으로 만드는 것은 바로 우리들의 시선이다. 우리의 시선이 없을 때 거기에는 아무것도 없다. 우리가 어두운 실내에 들어가 불을 키고 우리의 시선을 보낼 때 거기에 올랭피아가 옷을 벗고 누워 있다. 우리의 시선이 올랭피아를 비추는 횃불이 된다. 따라서 그녀의 가시성과 누드에 책임이 있는 것은 바로 우리 자신의 시선이다.

그녀는 우리 앞에서만 옷을 벗는다고까지 말할 수 있다. 왜냐하면 〈올랭피아〉의 누드 앞에서 눈을 크게 뜬 우리의 시선이 거기에 조명을 비추기 때문이다. 그녀를 바라볼 때 우리는 그녀에게 조명을 비춘다. 그것을 가시적으로 만드는 것은 바로 우리 자신이다. 결국 우리의 시선과 조명은 하나가 된다. 그림을 바라보고 조명하는 것이 동시에 일어난다. 우리가 누드에 어쩔 수 없이 연루되는 것은 바로 이 때문이다.

19세기 프랑스의 도덕적인 부르주아 관객들을 불쾌하게 만든 것이 바로 이것이었다. 부드러운 빛에 감싸인 신화 속의 누드는 느긋하게 감상할 수 있지만 마치 자신이 옷을 벗긴 듯한 여체의 적나라함 앞에서는 심기가 불편할 수밖에 없다. 〈풀밭에서의 점심〉과 〈올랭피아〉의 스캔들은 전통적 미학의 위반이 얼마든지 도덕적 스캔들을 야기할 수 있다는 좋은 예이다.

〈피리 부는 소년〉

마네의 작품 중 외적 조명의 기법을 쓴 또 다른 대표적 작품은 〈피리 부는 소년〉(Le Fifre, 1866, 160×98cm, 오르세 미술관)이다. 아예 배경이 없이, 인물 하나만을 따로 그림으로써 미술의 기본적인 규범을 단숨에 깨트린 파격적인 그림이다. 서양 전통 회화에서 드로잉이라면 몰라도, 본격적인 채색화를 그릴 때 아무런 배경 없이 인물만 따로 떼어 그리는 것은 매우 낯선 것이었다. 배경을 말해주는 단서가 없다는 점에서 피리 부는 소년은 어쩌면 '아무 곳에도'(no-where) 없는 소년이라고까지 말할 수 있겠다.

배경이 없으므로 아예 그림의 깊이가 들어설 여지가 없어졌다. 소년이 발을 놓은 장소도 마루바닥인지 혹은 땅인지 아무것으로

▶ 〈피리부는 소년〉, 마네. 서양 회화에서 인물의 윤곽선을 그리는 것은 금기였다. 점차 흐려지거나 짙어지는 그라데이션 기법으로 인물과 배경을 구분했다. 그러나 마네는 인물과 배경의 색조 변화가 난폭하게 이루어지고, 게다가 바지의 윤곽선까지 대담하게 그려 넣었다. 그림의 배경이 단색조인 것도 파격적이다. 전통적인 서양회화에서 인물은 반드시 어떤 특정의 공간 속에 들어 있어서 마치 그것이 현실 속의 한 장면인듯이 보이도록 하는 것인데, 여기서는 배경을 없애버려 이것이 그림에 불과할 뿐이라는 것을 그대로 드러내고 있다. 인물의 그림자도 일체 없어서 조명도 그림의 내부가 아니라 캔버스 밖에서 오는 실제 조명이다.

도 표시되어 있지 않다. 아주 가볍고 희미한 회색 얼룩의 그림자만이 배경의 벽과 소년이 발을 딛고 서 있는 바닥을 구분해 줄 뿐이다. 그러니까 소년은 아무런 깊이가 없는 배경 앞에, 그것도 허공 위에 발을 딛고 서 있는 것이다.

빨간 바지에 금단추가 달린 검정 상의, 그리고 금색 술을 늘어뜨린 뾰족한 검정 모자를 쓰고 피리를 부는 소년은, 바지에는 약간의 굴곡이 있지만 상의는 완전히 순수한 색채의 검정이다. '지체 없이 흰색에서 검정색으로 넘어가는…'이라는 졸라의 표현은 그라데이션이나 농담의 차이 없이 곧바로 다른 색채로 넘어가는 마네의 기법을 정확하게 보여주고 있다. 바지의 윤곽선을 짙은 검정 선으로 처리한 것은 색의 명도 차이로만 사물의 윤곽을 나타낸다는 서양 회화의 전통을 정면으로 위반한다.

그림에는 배경도 없지만 그림자도 없다. 그림자가 없다는 것은 위, 왼쪽, 오른 쪽, 아래 그 어디에서고 빛이 오지 않는다는 의미이다. 소년의 얼굴에는 도톰한 부피감(relief, modelé)이 전혀 느껴지지 않는다. 그저 단지 눈과 눈썹을 나타내기 위한 두 개의 작은 점만이 오목하게 그려져 있을 뿐이다.

소년의 그림자가 없다는 것은 빛이 정면에서 온다는 것을 의미한다. 왜냐하면 그림 속의 유일한 그림자는 피리의 뒤, 소년의 손바닥에 지고 있는데 그것은 빛이 위에서 수직으로 떨어질 때만 가능하기 때문이다. 왼 쪽 발이 살짝 들려 있고, 들린 발의 그림자는 피리 케이스와 대각선을 이루고 있다. 그러니까 조명은 화폭의 밖에서 오는 것이다. 만일 캔버스가 창문 앞에 있다면 창밖의 빛이,

전시실의 조명 아래 있다면 인공적 전등불이 수직으로 그림에 내리 꽂힐 것이다. 여하튼 그것은 화폭 밖의 진짜 조명이다.

화폭의 안에 창문을 내고, 거기서 오는 빛이 인물을 비춰 그 음영으로 인물에 부피감과 양감을 주는 것이 전통 회화 기법인데 여기서는 캔버스가 실제의 창문 앞에 놓인 장방형의 평면이라는 것을 그냥 그대로 인정하고 있다. 내적 조명을 제거하고, 그 대신 캔버스 밖에서 정면으로 쏟아져 내려오는 외부의 실제 조명을 활용하는 기법이 여기서도 완벽하게 구사되고 있다.

〈발코니〉

고야의 〈발코니의 마하들〉(Majas al Balcone, 1808-1812)을 재해석해 그린 마네의 〈발코니〉(Le Balcon, 1868-1869, 169×123cm, 오르세 미술관)는 1869년 〈화실에서의 점심〉(Le Déjeuner dans l'atelier)과 함께 살롱 전에 당선되어 또 한 번 비평가들의 논란을 불러일으킨 작품이다. 세 인물의 실제 모델은 마네와 절친한 예술가들로, 남자는 풍경화가 앙투안 기유메이고, 왼쪽에 앉아 있는, 우수에 가득 찬 강렬한 아름다움의 여인은 인상파 화가 베르트 모리소, 그리고 오른쪽에 머리에 화관을 쓰고 두 손을 모은 채 서 있는, 얌전하고 상냥해 보이는 여인은 바이올리니스트 파니 클라우스이다. 부자연스러운 세 모델의 포즈, 그리고 각기 다른 곳을 바라보는 세 인물의 시선이 만드는 부조화가 당시의 관객들을 불편하게 만들었다.

발코니의 철제 난간과 양쪽 덧문의 강렬한 초록색만 빼면 이 그림은 완전히 흑백 그림이라고 해도 좋겠다. 남자는 새카만 양복에 새카만 넥타이를 맸고, 두 여인은 소매 끝과 목깃을 시폰 프릴로 장식한 새하얀 드레스를 입었다. 오른쪽 여인이 접어 든 양산은 초록색, 왼쪽 여인이 손에 든 일본풍의 가느다란 부채는 자주색이다.

인물이 흑백이고 배경의 기본 구조가 색채라는 점에서 이 그림은 콰트로첸토 기법과는 정반대이다. 콰트로첸토에서는 기본 구조를 짙은 색으로 하고 인물들에게는 빨강, 파랑, 초록 등 밝은 색의 옷을 입히는 것이 상식이었다. 그런데 여기서는 반대로 인물들을 흑백으로 처리하고, 덧문이나 발코니의 난간 등 기본 골격은 초록색으로 처리해, 전통적 서양 회화의 재현의 코드를 뒤집었다.

세 인물의 시선이 서로 다른 곳을 바라보는, 탈 중심의 시선 처리도 재현의 코드에서 벗어난다. 〈화실에서의 점심〉과 마찬가지로 여기서도 세 인물은 서로 다른 세계에 살고 있는 듯 아무 연관이 없어 보인다. 남자는 오른 쪽을, 왼쪽의 여자는 왼쪽을, 오른쪽의 여자는 정면을 바라본다. 그들은 각기 발코니 앞의 어떤 사건 혹은 정경을 바라보는듯 한데 그들이 무엇을 바라보는지 우리는 알 수 없다.

〈맥주홀 여급〉에서도 그랬듯이 그들에게 보이는 것이 우리에게는 비가시적이다. 발코니 위의 세 사람은 우리 눈에 보이지만 그들이 보는 것은 우리 눈에 보이지 않는다. 발코니 위의 세 사람이라는 가시성을 통해 우리에게 비가시성을 보여주고 있는 것이다. 여기서도 가시성을 통한 비가시성의 드러냄이다.

비가시성은 세 인물이 각기 다른 방향을 바라본다는 사실에서 두드러진다. 셋은 각기 강렬한 광경에 정신이 몰입되어 있다. 우리는 그 중의 아무것도 보지 못하고 오로지 그들의 시선만을 볼 뿐이다. "이 분산의 요소인 시선들은 비가시성의 폭발에 다름 아니다"라고 푸코는 말한다.

〈올랭피아〉의 배경인 방의 실내가 완전히 검정색이었듯이 여기서도 발코니 뒤편의 방 내부는 검정색으로 완전히 어둡다. 뒤로 움푹 파인 커다란 공간, 보통 같으면 깊이 속으로 열려 있어야 할 이 커다란 공간이 우리에게는 완전히 막혀 있다. 눈부시게 환한 발코니와는 달리 뒷 편의 실내는 역광에 의해 캄캄하다. 아마도 정오의 태양이 수직으로 꽂히는 한 낮의 순간인듯 하다.

자세히 보면 어두운 방 안에 금속의 반사 같은 엷은 반점이 보이

고야, 〈발코니의 마하들〉 (Majas al Balcone, 1808–1812), 마네의 〈발코니〉는 이 그림을 원본으로 삼았다. 각기 다른 곳을 바라보는 인물들의 시선이 특이하다.

지오토, 〈외투의 증여〉(La Donation du manteau), 가난한 사람에게 자기 외투를 벗어주는 성 프란체스코의 발이 땅에서 붕 떠올라 있다. 땅에 발을 딛고 있지 않다는 것은 더 이상 살아 있는 사람이 아니라는 뜻이다.

고, 차 주전자를 들고 가는 소년의 모습이 희미한 실루엣으로 떠오른다. 그러나 그것은 거의 보이지 않아서 방안은 완전히 비가시성이다. 하지만 발코니 위 여인들의 흰 드레스에는 비교적 밝은 몇 개의 반사를 제외하고는 아무런 그림자가 없다.

종래의 그림들에서는 하나의 화폭 안에 빛과 그림자, 혹은 밝음과 어둠이 골고루 한데 뒤섞여 있는것이 상식인데, 여기서는, 빛은 전경에, 그림자는 후경에만 몰려 있어서 빛과 그림자가 완전히 따로 분리되어 있다. 초록색 덧문을 경계선으로 뒤편의 그림자의

◀ 〈발코니〉(Le Balcon, 1868–1869, 169×123cm, 오르세 미술관), 마네. 분산된 시선의 인물들이 바라보는 정경을 우리는 바라볼 수 없다. 그들의 모습은 우리에게 가시적이지만 그들이 보는 것은 우리에게 비가시적이다. 오른쪽에 서 있는 여인의 발이 바닥에서 둥실 떠올라 있다. 이 그림에서 막연히 죽음의 기운이 느껴지는 이유가 바로 그것이다.

세계와 앞 편의 빛의 세계가 극명하게 양분된다.

더 이상한 것은 오른 쪽 여인의 까만 구두가 바닥에서 살짝 들려 있다는 점이다. 그녀는 땅에 발을 딛지 못한 채 허공에 떠 있다. 그러고 보니 두 주먹을 쥐고 있는 뒤편의 남자도 몸이 허공에 떠 있는 느낌이다. 앉아 있는 여인은 견고하게 앉아 있는듯 싶지만 그러나 그 드레스 속으로 발이 들려 있는지 누가 알겠는가? 방 안의 어둠과 발코니의 빛 사이의 경계선에 세 인물이 거의 허공에 떠 있다는 사실이 갑자기 그림에서 모든 현실성을 제거한다.

마치 지오토의 〈외투의 증여〉(La Donation du manteau)에서 인물들이 땅에 발을 딛고 있지 못한 것처럼 여기 세 사람도 어둠과 빛, 내부와 외부, 방과 밖 사이에서 허공에 떠있다. 흰 색과 검은 색의 옷을 입은 세 사람은 빛에 다다르기 위해 어둠에서부터 나오고 있는 듯하다. 그들의 옷이 검정색과 흰색이라는 것도 예사롭지 않다. 푸코는 여기서 라자로의 부활을 떠올린다.

극명한 빛과 어둠의 대비는 삶과 죽음 사이의 경계였을까. 초현실주의 화가 마그리트도 이 그림을 재해석해 〈원근법 II, 마네의 발코니〉라는 그림을 그리면서 세 인물을 관(棺)으로 대체했다. 그도 역시 세 인물이 빛과 어둠의 경계, 즉 삶과 죽음의 경계선에 있다고 생각했던 것같다.

가시성과 빛과 재현

'가시적'이란 '눈에 보이는'이라는 뜻이고, '비가시적'이란 '눈에 보이지 않는'이라는 뜻이다. 이 쉬운 말을 푸코가 "앞과 뒤, 두 면

마그리트, 〈원근법 II, 마네의 발코니〉, 〈Perspective II:Le Balcon de Manet〉 81× 60cm, Ghent, Museum Van Hedendaagse Kunst, 마그리트도 마네의 〈발코니〉에서 죽음의 그림자를 보았음에 틀림없다. 변용화를 그리면서 발코니의 세 사람과 방 안의 희미한 소년의 그림자를 모두 관으로 처리했으니 말이다.

을 가진 평면은 가시성이 드러나는 장소가 아니라 반대로 그림 안의 인물들에 의해 바라보여지는 것의 비가시성을 확보해주는 장소다'라고 말하면 무슨 형이상학이라도 되는 듯 엄청나게 어렵게 느껴진다. 한 번 정리하고 넘어갈 필요가 있겠다.

푸코의 텍스트에서 '가시성(可視性)'이란 '눈으로 보여지는 성질'이라는 추상적인 뜻도 있지만 '눈으로 보여지는 사물'이라는 구체적인 뜻도 있다. 그러니까 그의 글에서 가시성은 '구체적인 사물'과 동의어로 쓰이기도 한다. 비가시성도 마찬가지다. '눈에 보이지 않는 성질'이기도 하고, '눈에 보이지 않는 사물'이기도 하다.

"마네는 비가시성을 향해 돌려진 시선만을 그림으로써 결국 비가시성만을 말하고 있다"는 푸코의 말은 우리 눈에 보이지 않는 장면을 바라보고 있는 인물들의 시선을 통해 마네가 그 보이지 않는 장면을 화폭에 그렸다,라는 뜻이다. 또 "표면은 인물에 의해 바라보여지는 비가시성을 확보해 주는 공간"이라고 푸코가 말했을 때 그것은 인물들의 상반된 시선이 보는 것을 우리는 볼 수 없지만 우리에게는 보이지 않는 어떤 것이 거기에 있다는 것을 그 시선들이 우리에게 알려주고 있다는 의미이다.

그러니까 마네의 회화에서, 실제의 빛에 의해 조명되는 현실적 물체로서의 화폭은 우리 눈에 보이는 가시성이지만 그것은 비가시성이 동반될 때에만 가시적이 된다. 다시 말하면 우리 눈에 보이지 않는 비가시성을 그 안에 포함하고 있을 때만 화폭의 장면이 가시성이 된다. 역설적이게도 그의 그림은 관객이 보아야 할 것을 보여주는 것이 아니라 그것을 감추고 숨긴다.

가시성과 비가시성은 서로 상반되지만 반대의 것이 없으면 아예 존재할 수 없는, 상호보완적인 조건이다. 감춘다는 조건으로 드러나며, 드러낸다는 조건으로 감춰진다. 드러내면서 감추고, 감추면서 드러내는 이 가시성의 유희가 마네 그림의 수수께끼를 푸는 열쇠이다.

회화의 역사에서 회화가 자신의 가시적 성질을 통해 비가시성을 보여주기는 마네의 그림이 최초였다. 화가의 캔버스를 벗어나는 것, 카메라로 치면 파인더의 사각 테두리를 벗어나는 것은 당연히 화면 안에서는 비가시적이다. 그런데 마네는 그 비가시적인 어떤 것을 우리에게 보여주려 한다.

그림에 그려진 것이 다 가 아니고 뭔가 다른 게 더 있다는 것을 우리에게 말하기 위해 그는 인물들의 시선을 사용한다. 전통적 회화에서라면 당연히 정면을 바라보고 있어야 할 발코니 위의 세 사람은 각기 다른 방향을 바라보면서 관람자인 우리를 불안하게 만든다. 화폭에 보이지 않는 비가시성은 관객이 도저히 표상할 수 없는 비재현성이다.

가시성은 빛에 의해서 드러나는 것인데, 〈피리 부는 소년〉에서는 내적 조명을 없앴고, 〈풀밭에서의 점심〉은 내적 조명과 외적 조명이 대립하고 있으며, 〈올랭피아〉에서는 관객을 조명등의 자리에 설치했다. 그림을 적시는 실제의 빛이 올라올수록 내적 조명은 내려가, 마침내 〈올랭피아〉의 어두운 검정색 배경이 된다. 실제 사물로서의 그림이 실제의 빛을 받고 올라올수록 재현적 배경은 어두워져 마침내 〈올랭피아〉와 〈발코니〉에서처럼 완전히 꺼지는 것이다.

〈말과 사물〉에서의 벨라스케즈론(論)이나 〈이것은 파이프가 아니다〉에서의 마그리트론(論)과 마찬가지로 〈마네의 회화〉(2004년 사후 출판)에서도 푸코는 한결같이 재현의 문제를 깊이 들여다 보고 있다. 예컨대 "그의 그림은 무엇으로 구성되어 있고, 그것은 무엇을 재현하는가? 어떤 의미에서 그것은 아무것도 재현하지 않는다. 바라봄의 대상을 아무것도 주지 않는다는 점에서 그러하다. 마네의 화폭 속의 인물들은 무엇을 보는가? 그것에 대해 우리는 아무것도 알 수 없다"라고 했을 때 그러하다.

타블로–오브제, 오브제로서의 회화

얼핏 보기에 마네의 그림은 당시 다른 화가들의 그림과 별로 다르지 않게 재현적이다. 맥주 홀의 광경을 그렸는가 하면 뱃놀이 하는 남녀 혹은 온실에서 대화를 나누는 두 남녀를 재현했다. 그러나 마네는 그림의 물질적 현실을 점진적으로 보여주기 위해 재현이라는 매개수단을 사용했을 뿐이다. 그림이란 물감이 칠해져 액자 속에 넣어진 사각형의 캔버스일 뿐이라고, 그것은 어디까지나 관객 앞에서 조명을 받고 있는 물질적 현실일 뿐이라고 말하기 위해 우선 도약대로서 재현의 방법을 선택한 것이다.

그림의 물질적 현실은 우선 평면성에서 드러난다. 배경을 벽으로, 혹은 벽같이 무성한 나뭇잎이나 수증기로 막아 그림의 깊이를 완전히 폐색(閉塞)하고, 수평 수직선들을 강조하여 캔버스의 장방형 기하학적 구조를 상기시키고, 섬세하게 가로 세로 줄을 그어 씨줄과 날줄로 된 캔버스의 헝겊 조직을 새삼 떠오르게 하는 것이다.

두번 째의 물질성은 캔버스가 앞뒷면을 가진 얄팍한 두께의 종이 혹은 헝겊이라는 사실이다. 이 물질성은 〈철도〉나 〈맥주홀 여급〉의 시선의 교차에 의해 드러난다. 앞을 바라보는 인물과 뒤를 바라보는 인물을 함께 그림으로써 화폭의 실질적인 두께를 보여주는 것이다. 여기서 '오브제로서의 회화'(tableau-objet)가 떠오른다.

회화가 가진 재현의 힘은 뒤로 물러나고 물질적 사물로서의 화폭만 부각된다.

마네는 오브제로서의 그림을 창안했다. 거창한 예술 작품이기 이전에 얄팍한 장방형의 평면으로 된, 그리고 씨줄 날줄의 섬유인 화폭의 물질성을 그대로 보여주는 그림을 그렸다. 어떤 스토리를 전달하는 수단으로서의 회화가 아니라 회화 그 자체가 목적인 그런 회화를 그린 것이다. 그의 1차적인 관심은 화폭의 물질성이었다. 그것을 그림의 내용 속에 슬며시 집어 넣었다는 것이 더욱 교묘하다.

시원하게 뚫린 깊이가 없이 앞이 콱 막혀 있는 마네의 그림은 우선 답답하게 보인다. 원근법과 내적 조명으로 완벽하게 그려진 전통 회화에 익숙한 19세기 부르주아 관객들이 보기에 마네의 그림은 '미(美)'가 아니라 '추함'이었다. 그들이 심한 불쾌감을 표명한 것은 당연했다. 그러나 미에 대한 마네의 무관심은 단순한 무관심이 아니라 적극적이고 방법론적인 무관심이다. 조르주 바타이유는 이것을 위대한 무관심이라고 불렀다.

당대의 미학개념에 맞게 얼마든지 아름다운 그림을 그릴 수 있었지만 화폭의 물질적 성질을 그림 자체로 보여주기 위해 일부러 답답한 그림을 그렸다는 것이다. 마네 이전의 그 어떤 화가도 보여주지 못했던 사상 초유의 방식이었다. 갑자기 우리는 마네에게서 실패가 그림의 목적이었다는 것을 깨닫게 된다. 그는 일부러 실패한 화가였다.

회화로서의 자신을 감추려 하고 그렇게 해서 자기 은익적 예술

의 절정에 다다른 19세기의 서양 회화는 대중들의 미감에 맞을 뿐
만 아니라 신중함과 엄격함이라는 도덕적 덕성까지도 획득했다.
반대로 굳이 인물의 손톱까지 그리는 수고를 들이지 않고, 얼굴은
간단한 선으로 처리해 버리면서, 자신은 어디까지나 회화일 뿐이
라고 뻔뻔스럽게 나서는 회화는 기술적으로나 도덕적으로 무례한
그림으로 받아들여졌다. 그것이 마네의 스캔들의 진실이었다.

〈폴리-베르제르 바〉

수수께끼의 그림

우리 앞에는 바의 한 여급이 있다. 그녀는 과일과 꽃과 술병들로 가득찬 카운터에 두 손을 짚고 정면으로 꼿꼿이 서서 앞을 바라보고 있다. 화가는 중간선을 특히 강조한다. 쉬종(바의 여급 이름이다)의 오똑한 콧날, 목에 걸린 펜던트, 가슴을 장식하고 있는 부케, 일렬로 늘어선 자개 단추들, V자로 갈라진 옷 저고리 아래 부분에서 드러나는 스커트의 다림질 자국이 모두 정확히 그림의 중간선에 위치해 있다.

〈폴리-베르제르 바〉(Un bar aux Folies-bergère, 96×130cm, 런던 Courtauld Institute Galleries)는 1881-1882 겨울, 마네가 죽기 전에 거의 마지막으로 내놓은 작품이다. 이미 그는 매독으로 인한 이동성 운동실조라는 병으로 거동이 불편한 상태였다. 여기서 마네는 처음으로 친구가 아닌 실제 바의 여급을 모델로 세웠다.

폴리-베르제르는 그 당시 아주 유명한 뮤직 카페(café-concert)였다. 작가 위스망스는 "분칠한 여인네들의 냄새뿐 아니라 퇴폐적인 대화까지도 매혹적인 냄새를 풍길 수 있는 파리의 유일한 명소"라고 썼다. 모파상은 〈벨 아미〉에서 "얼굴에 하얗게 분을 바른 한물간 여인네들이 홀 안의 카운터에 우두커니 서서 손님을 기다리고 있다. 그녀들이 바로 술과 사랑의 상인이다"라고 바의 풍경을 묘사했다.

그림의 시점(視點)은 정확했고, 주제는 모던했다. 그러나 이 그림은 관객들을 놀라게 했다. 우선 배경이 거울이라는 것 때문이다. 처음에는 여급의 뒤로 넓은 바를 가득 메운 손님들이 서 멀리 안까지 들여다 보였다. 마네의 평소 그림과 달리 여기에는 깊이가 있구나, 라고 생각하는 순간, 그녀의 오른쪽 부분에 어떤 신사와 이야기를 하고 있는 그녀의 뒷 모습이 보인다. 아니, 이게 어떻게 된 일인가?

그러고 보니 그녀 뒤의 우묵 파인 깊이는 실제의 깊이가 아니라 그녀 뒤에 바짝 붙어있는 거울이었다. 깊이처럼 보였던 것은 거울 속에 비친 술집 홀의 모습이다. 자세히 보니 여급의 손 뒤에 있는 수평의 갈색 좁은 띠가 거울의 나무 테두리였다.

초상화의 역할을 하는 중심적인 인물이 있고, 뒤에 이 인물을 비추고 있는 거울이 있는 구도 자체는 매우 고전적이다. 앵그르의 〈오송빌 백작부인의 초상〉(Portrait de la comtesse d'Haussonville)이 이 그림의 정확한 모델이다. 여인의 뒤에 거울이 있고, 거울에 이 여인의 등이 비춰져 있다. 그러나 마네의 그림은 이런 회화적 관습에서 완전히 벗

어나 있다. 가장 큰 차이점은, 앵그르의 그림에서는 거울이 배경의 일부인데, 마네의 그림에서는 거울이 그림의 배경 전체라는 점이다.

더 중요한 것은 거울 속 인물들이 재현되는 방식이다. 원칙적으로 이것은 거울이므로 거울 앞에 있는 모든 것이 거울 안에 그대로 반사되어야 한다. 그러나 〈폴리-베르제르 바〉에서는 거울 앞에 있는 것과 똑같은 병들을 거울 안에서 찾기 힘들다. 거울 속에 그려진 것과 거기에 반드시 반사되어 있어야 할 것 사이에 뒤틀림이 있다. 가장 큰 뒤틀림은 여인의 뒷모습이다.

거울의 비밀

여인이 정면으로 앞을 바라보고 있으므로 화가는 여인의 바로 앞 정면에서 그렸을 것이다. 당연히 관객의 자리도 여인의 얼굴을 정면으로 바라보는 정 중앙의 앞자리이다. 그렇다면 여인의 뒷모습은 거울 속에서 그녀의 몸에 가려 우리 눈에 보이지 않게 될 것이다. 그런데 그녀의 비스듬한 뒷 모습이 오른 쪽에 비쳐져 있는 것이다. 대단한 광학적 지식이 없어도 관객들은 거울에 비친 여급과 신사의 영상이 오른쪽으로 비스듬히 기울어져 있는 것에 심한 불편함을 느낀다. 그런 반사를 보려면 우리는 그림의 왼쪽에 자리 잡아야 한다는 것이 상식이다. 아니면 거울이 오른 쪽 앞으로 비스듬히 기울어져 있어야 한다. 그러나 거울의 테두리는 대리석 카운터와 평행을 이루고 있다. 거울이 그녀 뒤로 정확하게 일직선을 긋고 있다는 의미이다.

여인의 반사가 오른 쪽에 보이려면 관객이나 화가도 오른 쪽으

앵그르, 〈오송빌 백작부인의 초상〉(Portrait de la comtesse d'Haussonville), 거울이 초상화의 인물을 비추고 있는 그림은 서양회화에서 매우 고전적인 구도이다. 그러나 이런 그림에서 거울은 배경의 일부일 뿐이고, 더구나 거울에 비친 상은 광학적으로 아무런 무리가 없다는 점에서 마네의 그림과는 전혀 다르다.

로 몸을 틀어야 한다. 하지만 여인의 모습은 정면이므로 화가도 정면에서 여인을 그린 것이 틀림없다. 그러니까 화가는 도저히 양립할 수 없는 두 자리를 연속적으로 왔다 갔다 하거나 아니면 동시에 차지해야 한다. 관객도 마찬가지다.

혼란스러워진 관객은 더 이상 자기 자리가 어딘지 알 수가 없게 된다. 여급과 고객이 대화하는 거울 속 영상을 좀 더 잘 보기 위해 그림의 왼쪽으로 한껏 몸을 틀고 바라보지만 시원한 결론은 나오지 않는다. 화가는 마치 포토숍으로 작업하는 컴퓨터 그래픽 화가처럼 정면과 측면의 두 개의 그림을 한데 붙이고 그 사이의 선을 지워버리기라도 한 것일까?

또 하나 이상한 것은 여인과 이야기하고 있는 남자의 영상이다. 만일 여자 앞에 누군가가 서서 그녀에게 이야기하고 있다면 여인의 얼굴, 그녀의 흰 목, 그리고 대리석 카운터에 그림자 같은 것이 있어야 한다. 그런데 아무것도 없다. 빛은 위에서 쏟아져 아무런 장애물이나 장막 없이 여인의 몸과 대리석 카운터를 비추고 있다. 이런 그림이 나오기 위해서는 앞에 사람이 아무도 없어야 한다.

게다가 거울 속 남자의 시선은 위에서 아래로 내려다 보는 시선이다. 그런데 여인의 정면 얼굴이 그려지기 위해서는 화가가 여인의 눈높이 혹은 조금 아래에서 그려야 한다. 그러므로 거울 속 남자는 화가가 아니다. 여기서 가운데와 오른편이라는 비양립성에 현전과 부재라는 또 하나의 비양립성이 추가된다.

그러므로 세 가지의 양립불가능성이 있다. 화가는 여기에 있으며 또 저기에 있어야 하고, 누군가가 있어야 하지만 또 아무도 있어서는 안 된다. 내려다보는 시선이 있고 동시에 올려다보는 시선이 있다. 장면을 어떤 위치에서 보아야 할지 알 수 없는 이 삼중의 불가능성, 관객을 위치시키는 모든 안정감과 확정성의 배제가 이 그림을 볼 때 우리가 느끼는 불안감과 매혹의 원인이다.

상상의 자리 이동을 하면서 관객은 두 장의 스냅 사진이 연속적으로 중첩되는 시나리오를 상상한다. 정면에는 자기 생각에 골똘히 잠겨있는 한 젊은 여성이 있고, 거울 안에는 고객 또는 내연의 남자의 욕망을 받아들이지 않을 수 없는 한 여인이 있다. 정면의 인물의 고고하고 깨끗함, 그리고 거울 속의 순종적이고 다소곳하게 굽어진 어깨라는 두 계기가 있다. 이렇게 관객 혹은 감상자는 거울을 따라 빙 돌고, 거울 내부로 미끄러져 들어가 그림의 한 가운데로 스며들어 간다. 이것은 시선의 시간화를 전제로 한다는 점에서 전통적인 그림 감상과 구별된다. 관객은 더 이상 현재적인 관조 속에 침잠하는 것이 아니라 그림의 내적 동선을 따라 정신적으로 자리를 이동한다.

X선 투시를 통한 조사

푸코가 마네를 크게 부각시킨 후 주로 1980년대부터 수많은 미술 사가들이 '마네의 숨겨진 얼굴'이니 '자연스러움의 전복(顚覆)'이니 하는 제목으로 〈폴리-베르제르 바〉의 신비를 벗겨 보려 애를 썼다. 그들의 시시콜콜한 조사로 바 여급의 이름과 남자 고객의 이름이 다 밝혀졌다. 이 그림을 소장하고 있는 런던의 코톨드 인스티튜트 갤러리는 X선 투시 작업으로 수정의 흔적을 찾아내기까지 했다.

그림의 소실점은 거울에 비친 홀의 뒷 벽면 부분이다. 그것은 쉬종의 입 근처이다. 화가의 시점은 그러니까 그녀의 눈 높이 쯤이 아니라 좀 더 낮은 곳이다. 화가의 눈이 얼만큼 떨어져 있는지도 추정해 볼 수 있다. 그림이 실물대이므로 직접 우리 몸으로 시험해 볼 수도 있는데, 아쉽게도 런던의 코톨드(Courtauld) 박물관은 이 그림을 너무 높게 걸어 놓았다.

관객이 거울 속에 비친 남자의 자리에 서지 못하도록 온갖 장치가 되어 있다. 우리가 그 자리에 서기 위해 그림의 왼쪽 끝으로 바짝 붙어 보면 우리는 그림 자체를 볼 수 없게 된다. 당시 캐리커처 화가 스톱(Stop)은 쉬종과 남자의 대화 장면을 정면과 측면 두 쌍으로 그리고, 그 밑에 그림을 제대로 고쳤노라는 설명을 붙여 마네의 그림을 풍자했다.

〈현대 회화 100년〉(Voici, 100 ans d'art contemporain, Ludion-Flammarion, 2000) 이라는 책을 쓴 티에리 드 뒤브(Thierry de Duve)는 이와 관련된 흥미로운 주장을 하고 있다. 그는 2003년의 콜로키엄에서 〈아! 마네… 마네는 어떻게 폴리-베르제르 바를 구축했는가?〉라는 제목의 발표문을 통해 마네가 두 번에 걸쳐 두 개의 장면을 그린 후 그것을 한데 붙였다는 가설을 제시한다.

그림은 두 개의 시간, 서로 다른 재현의 두 순간을 압축하고 있다는 것이다. 물론 그 두 순간 사이에는 자리 이동이 있다. 화가가 자리를 옮겼던가 혹은 거울이 선회했던가, 둘 중의 하나이다. 이런 가정이 없으면 거울 반사의 착란을 설명할 길이 없다.

당시 사람들의 회고록을 보면 마네가 아틀리에에 대리석 카운터와 커다란 거울을 놓고 연출해 그렸다는 증언이 나온다. 마네는 바의 술병과 과일그릇들을 화실에 옮겨오고, 대리석 카운터를 설치한 후, 그 위에 여러 가지 병들을 늘어놓았다. 바의 여급을 정면으로 그린 다음, 모자 쓴 남자를 앞에 세우고 거울을, 오른 쪽이 약간 앞으로 나오도록 선회시켜 다시 그렸다. 이렇게 하면 화가는 움직이지 않은 채, 남자의 새로운 영상이 앞의 그림과 포개진다.

1882년 '주르날 아뮈상'지에 실린 캐리커처 화가 스톱(Stop)의 일러스트레이션 〈폴리-베르제르의 한 창녀〉라는 제목과 함께 "화가의 부주의로 그림 안에 생략된 남자의 뒷 모습을 우리가 복원해야 한다"라는 캡션이 달려 있다.

코톨드 인스티튜트 갤러리의 X선 투시도는 여급의 뒷 모습이 세 번 수정된 것을 보여준다.

처음의 스케치는 여급의 시선이 왼 쪽의 화면 밖을 바라다 본다. 그렇게 되면 화면 밖에 신사가 서 있고, 그 신사는 오른 쪽 끝 화면에 작게 영상이 비쳐서 광학적으로 무리가 없는 그림이 된다. 지팡이를 든 신사는 앙리 뒤프레라는 이름의 군인이다. 이것이 최종적인 그림 직전까지의 그림이다. 뒤프레의 양복 깃, 눈, 모자, 지팡이 손잡이와 그것을 잡고 있는 그의 손이 X선 투시도 속에 정확히 드러나 있다. 그리고 여급의 뒷 모습은 오른 쪽 램프가 있는 자리에 있다.

화가가 고심한 흔적이 X선 투시도에 나타난다. X선 투시까지 동원된 이 전방위적 조사와 연구는 마네의 〈폴라-베르제르 바〉가 얼마나 수수께끼의 그림인가를 반어적으로 증명해 준다.

이 단계까지는 스케치에 충실했다. 다만 쉬종의 시선이 왼쪽을 향해 고객과 눈을 맞추는 대신 그것을 정면으로 들어 올려 그림의 관객을 바라보도록 고쳤다는 것만 스케치와 달라진 점이다. 그렇다면 광학(光學)에 무리가 없도록 정면의 시점을 포기하고 쉬종의 표정을 지워버릴 것인가? 마네는 그렇게 할 수 없었을 것이다. 아니면 쉬종의 등 바로 뒤에 남자의 영상을 놓아 그녀의 몸이 그것을 가리게 할 것인가? 그것 역시 아까운 일이 될 것이다. 그렇게 되면 관객들은 그림 안에 거울이 있다는 것을 알지 못하고, 그림은 평범한 술집 카운터의 장면이 되고 말 것이다. 이 딜레마를 어떻게 해결할 것인가?

쉬종의 영상을 X선 흔적의 1번에 위치시키기 위해서는 그녀 뒤의 거울의 축을 오른 쪽 앞으로 약간 선회시키기만 하면 된다. 그렇게 조금씩 선회해서 모두 4번의 영상을 그렸다. 그러자 앙리 뒤프레의 영상은 반쯤 가려지거나 너무 낮거나 너무 작아졌다. 그래서 마네는 그것을 다시 그리기로 했다. 이번에는 화가 가스통 라투슈가 모델로 나섰다. 라 투슈에게 뒤프레의 자리에 서라고 한 다음 거울을 조금 올렸다.

이런 상상적 추리 끝에 티에리 드 뒤브는 마네의 숨겨진 의도를 후손에 대한 기대로 해석한다. 마네는 자신이 심각한 병을 앓고 있고, 자기 동시대인들에게 자기 그림을 좀더 잘 이해시킬 방법은 하나도 없다는 것을 잘 알고 있었다. 그의 과격한 새로운 기법, 즉 그림 앞의 관객을 정면으로 바라보는 인물들의 그림이 살롱의 관객들에게 전혀 이해되지 못한다는 것도 잘 알고 있었다.

한 마디로 그의 진정한 관객은 후손이라는 것을 알고 그들에게 하나의 인물 두 개의 구성이라는 비밀의 빗장을 제공하기로 한 것이다. 여급에게 말을 거는 남자는 정면과 측면에 둘이 있다. 그것은 같은 사람도 아니고 같은 시간도 아니다. 다만 그 영상만이 차이를 확인시켜준다. 거울의 운동을 은폐함으로써 마네는 모자 쓴 남자의 연속적 두 위치의 확고한 시간 차이를 말소시켰다. 1882년 살롱 전 관객과 그 후손들을 분리시키는 것은 바로 이 시간 차이다.

이 수수께끼의 그림은 사람들에게 인정받고 싶다는 화가의 강렬한 욕망과 또 한편으로는 저질의 관객들의 요구에 야합할 수만은 없다는 오기가 모순적으로 조합된 비양립적 작품이다. 〈폴리-

베르제르 바〉는 마네가 평생 단 한번 사용한 기법이고, 결국 그의 유언이었다는 것이 티에리 드 뒤브의 해석이다.

관객의 자리

우주선의 달 착륙으로 달의 신비가 사라졌듯이 X선 투시와 꼼꼼한 고증으로 〈폴리-베르제르 바〉의 신비가 약간 반감된 것은 사실이다. 그러나 깊이의 부정이나 정면의 조명 같은 마네의 새로운 기법들과 그의 평생의 작업이 압축되어 들어있는 이 그림의 과감한 구도는 여전히 매혹적이다.

〈막시밀리앙의 처형〉이나 〈오페라 극장의 가면무도회〉와 마찬가지로 여기서도 공간은 벽으로 차단되어 있다. 다만 그 벽을 거울로 대체해 벽이 아닌듯이 보일 뿐이다. 실제로는 벽이면서 배경에 깊이가 있는듯한 효과를 낸다는 점에서 아주 교묘한 눈속임이다. 깊이처럼 보이지만 실제로 깊이가 없다는 것은 깊이에 대한 이중의 부정이다. 인물의 뒤에 있는것을 우리가 볼 수 없을 뿐만아니라, 인물의 뒤에 있다고 여겨지는 것이 사실은 인물의 앞에 있는 것이기 때문이다.

〈올랭피아〉나 〈피리부는 소년〉처럼 조명도 위에서 쏟아지는 정면의 조명이다. 거울 속에 두 개의 큰 램프를 그려 넣어 교묘한 속임수를 썼지만, 빛은 거기서부터 나오지 않고 화폭의 밖, 정면에서 내려온다. 여인의 얼굴에 아무런 음영이 없다는 것이 그것을 증명한다.

〈발코니〉에서는 인물들의 시선으로 비가시성을 나타냈지만 여기서는 거울 속 영상이 그 역할을 한다. 남자 고객의 모습은 거울 앞 공간에서는 부재이고 비가시성이지만 거울 속 영상에서는 가시적으로 현전하는 존재이기 때문이다.

그러나 무엇보다도 푸코와 수많은 평론가들이 이 그림을 집중적으로 분석하는 것은 관객의 자리에 대한 성찰 때문이다. 거울 속 영상을 통해 〈폴리-베르제르 바〉는 전통 회화에서의 관객의 자리에 문제를 제기한다. 종래의 그림에서는 그림의 한 중간이 관객의 이상적인 자리였다. 이것은 원근법, 소실점 등의 체계에 의해 최적의 장면을 볼 수 있도록 관객에게 지정된 정확한 자리였다. 이 자리에 서면 관객은 위에서 아래를 내려다본다든가 아래서 위를 올려다본다든가 하는 식으로, 그림이 그려진 시점(視點)과 똑같은 자리에서 경치나 인물을 볼 수 있었다. 그러나 이 그림 앞에서 우리는 화가의 위치를 알 수 없을뿐만 아니라, 우리자신도 어디에 서 있어야 하는지 알 수가 없다.

마네는 거울의 놀이를 통해 관객에게 이상적이고 유일한 자리를 고정시켜 주던 회화의 규약을 단숨에 깨트렸다. 화폭은 관객이 거기서부터 자유롭게 자리를 옮길 수 있는 물질적 사물에 불과하다는 것을 교묘하게 보여준 것이다.

그림을 감상하기 위한 관객의 이상적인 자리는 없다는 것, 그림은 그 앞에서 우리가 마음대로 움직일 수 있는 물질적 공간일 뿐이라는 것을 보여주기 위해 마네는 이 마지막 기법을 사용했다. 다시 말하면 관객의 유일한 장소를 지정해주는 규범적 공간 대신 관객에게 가변적이고 유동적인 자리를 마련해 준 것이다.

에셔(M.-C. Escher), 〈상대성〉, 원근법적 사고의
전통 사회에서 보편, 동일성, 위계질서, 중심 등이
지배적이었다면 재현의 논리가 해체된 현대의 포스
트모던한 사회에서는 상대성, 차이, 탈권위, 탈중심
등이 대세이다. 더 이상 세계는 견고하지 않고, 모
든 것은 불안정하고 우연이며 불확실하다. 원근법
적 시각으로는 도저히 이해할 수 없는 에셔의 그림
〈상대성〉은 이런 탈근대적 세계를 여실하게 보여준
다. 그러나 마네의 〈폴리-베르제르 바〉는 백년 전
에 이미 지극히 재현적인 그림을 통해 탈중심적인
시각을 보여주었다. 마네의 위대성이 바로 거기에
있다.

마네는 회화의 물질성과 평면성을 보여주기 위해 앞에서 쏟아
져 내려오는 실제의 빛을 사용했고, 화폭을 연상시키는 수평과 수
직선들을 그림 안에 도입했으며, 그림에서 깊이를 없애 버렸다.
그리고 마지막으로 관객의 자리마저 뒤흔들어 놓았다.

마네는 물론 비재현적 회화를 창안한 사람은 아니다. 그러기에
는 시대가 너무 일렀다. 그의 그림은 모두 재현적이다. 그러나 전
통적 재현 속에서도 화폭의 기본적 물질적 요소들을 은밀하게 작
동시켰던 화가이다. 그로부터 몇 십년 후 재현 그 자체를 제거하
고 회화적 공간의 순수한 물질성 자체를 작동시키는 회화가 등장
했을 때, 돌이켜 보니 마네의 그림들이 이미 그 기본적인 조건들

을 모두 제시해 주었던 것이다. 마네가 현대 미술을 가능하게 한 화가이며, 오브제로서의 그림(tableau-objet), 또는 오브제로서의 회화(peinture-objet)를 창안한 화가라고 푸코가 말하는 이유이다.

컴퓨터의 발달로 우리는 사물이 속한 공간을 어떤 시점에서든 볼 수 있게 되었다. 실제로는 컴퓨터 앞에 꼼짝 않고 앉아 있으면서 우리 눈은 사물을 수직으로나 수평으로 한 바퀴 빙 둘러 묘사할 수도 있다. 에셔(M.-C. Escher, 1898-1972)의 그림에서 보이는 모순적인 비전을 현대의 우리들은 컴퓨터 화면에서 자유자재로 합성할 수 있다. 컴퓨터의 합성 이미지는 이미 유클리드의 기하학을 뛰어넘었다.

이와 같은 시점(視點)의 복수성(複數性)을 백년도 훨씬 전(1881-1882)에 마네가 이미 폴리-베르제르 술집의 여종업원을 통해 보여주었다는 것이 놀랍기만 하다.

프리드의 마네론

1865년 '르 샤리바리(Le Charivari, 냄비 두드리기)' 지에 실린 샹(Cham)의 캐리커처.
'고급 가구 제조인의 탄생' 이라는 제목 밑에 "마네 씨는 순진하게도 이것이 축하 꽃다발인줄 알고 있다."라는 캡션이 달려 있다.

디드로의 반 연극성

미국 존스 홉킨스 대학 교수이며 유명한 예술 비평가인 마이클 프리드(Michael Fried, 1939-)는 "마네에서 마티스에 이르기까지 회화는 내재적 문제에 대한 관심 때문에 점진적으로 현실 재현의 임무를 포기해 왔다"고 말했다. 1965년 하버드에서 열린 〈미국의 세 화가〉(Noland, Olinski, Stella) 전시회 카탈로그 서문에서였다. 아마도 푸코는 이 구절에서 영감을 얻어 〈마네의 회화〉를 구상했는지 모른다.

그러나 프리드가 생각하는 내재적 문제는 푸코가 생각하는 것과 같지 않다. 미술은 '관객에 의해 보여지도록 만들어진 어떤 것'이라는 사실을 전통 회화가 애써 감추려 했다는 것에는 두 사람이 일치하지만, 그 시기에 대해서는 두 사람의 생각이 각기 다르다. 푸코는 서구 회화가 회화의 물질성을 은폐하기 시작한 시점을 원근법이 발명된 르네상스 이후로 생각하는 반면, 프리드는 18세기 중반 계몽주의 철학자 드니 디드로(Denis Diderot, 1713-1784)의 회화론

이후라고 생각한다.(프리드, 〈몰입과 연극성 : 디드로 시대의 회화와 관객〉Absorption and Theatricality : Painting and Beholder in the Age of Diderot, The University of Chicago Press, 1980)

〈배우에 관한 역설〉(Paradoxe sur le comédien, 1773~1778) 〈살롱〉(Salons), 〈회화론〉(Essais sur la peinture)등 예술 관련 저서를 많이 남긴 디드로는 우선 연극과 미술을 동일한 대상으로 간주한다. 그러므로 그의 연극에 대한 생각은 그대로 미술에도 적용된다. 고전극에 반기를 들고 스스로 부르주아(귀족보다 한 단계 낮은 시민계급) 연극을 많이 만들기도 했던 그는 당시 무대 예술을 지배하던 관습, 예컨대 관객에게 너무 노골적으로 다가가려는 인위적인 구성에 심한 거부감을 갖고 있었다. 부자연스러운 연기나 표정을 그는 '꾸민 표정'(grimace), 혹은 '연극'(théâtre)이라는 말로 폄하했는데, 이때 그가 사용한 '연극'이라는 용어는 당연히 비난과 경멸의 의미가 섞인 말이다.

그는 연극의 성공은 관객이 현실과 허구를 구별하지 못하게 되는 순간이라고 했다. 연극은 관객이 극장에 있다는 것을 잊은 채 '실제 사건'에 참여하고 있다고 스스로 믿도록 해야 한다는 것이다. 〈사생아에 대한 대담〉에서 디드로가 "도르발 이야기의 표현이 너무 진실해서 나는 곳곳에서 내가 무명의 관객이라는 것을 잊고 자리에서 뛰쳐나가 무대에 실제 인물 하나를 더할 뻔 했다."고 말했을 때, 이것은 연극의 미적 기준을 모방의 완벽함에 두고 있다는 것을 의미한다.

관객이 현실과 허구를 완전히 혼동할 때만 연극의 미학적 목적이 완성되는 것이므로 연극의 진정한 목적은 환영(幻影)을 만들어

내는 것이다. 즉 무대 위에서 벌어지는 일이 허구가 아니고 진실이라는 환상을 관객에게 주어야 한다는 이야기다. 이를 위해 디드로는 '제4의 벽'이라는 개념을 만들어냈다.

배우가 연극적인 꾸밈이 아니라 완전히 현실 속에서와 같은 행동을 하기 위해서는 다른 사람의 존재를 일체 인식하지 않아야 한다. 누군가가 자기를 바라보고 있다는 것을 의식할 때 배우는 괜히 어색해져 자연스러운 연기를 할 수 없기 때문이다. 그래서 배우들은 관객과 무대 사이에 가상의 벽이 있다고 생각하고, 연기에 몰입해야 한다. 하우저는 제4의 벽이라는 개념이 "내재적이고 자기 충족적인 부르주아 계급의 예술관을 대변하는 것"이라고 계급사관적인 해석을 내리기도 했다.

부자연스럽고 거짓되고 위선적인 '연극'의 대안으로 그가 내놓은 것이 '드라마'로 이름 붙여진 부르주아 가정극이다. 이후 사실주의 연극에 막대한 영향을 끼친 이 이론이 당대의 미술의 흐름도 바꿔 놓았다.

연극에서와 마찬가지로 그는 회화에서도 과장적인 연극성을 비판했다. 회화의 인물들이 마치 연극에서처럼 관객에게 보이기 위해 부자연스럽고 과장된 표정이나 제스추어를 쓰기 때문에 그림이 자연스럽지 않고 사실성이 결여되어 있다는 것이다. 여기에는 역설이 없지도 않다. 왜냐하면 미술이건 연극이건, 예술 자체가 자연은 아니고, 사람들에게 바라보여지기 위해 만들어진 것이기 때문이다.

아리스토텔레스의 미메시스(모방) 이론

디드로의 드라마 이론은 모방의 완벽함이라는 미학적 기준에서 나온 것이다. '모방'이라는 의미의 미메시스(mimesis)는 예술이 자연을 모방한다는 아리스토텔레스의 〈시학〉에서부터 유래하는 것으로 특히 르네상스 이후 거의 절대적으로 예술의 방식을 지배 했다.

아리스토텔레스(Aristoteles, 기원전 384-322)의 〈시학〉(La Poétique)은 엄밀하게 말하면 고대 그리스 시대의 문학, 즉 연극에 대한 이론서이다. 당시의 연극은 운문으로 되어 있었기에 '연극론'이 '시학'일 수 있었다. 그는 모방을 그 대상, 매체, 방식으로 구분하여, 모방의 대상은 행위하는 인간들이고, 모방의 매체는 언어이며, 모방의 방식은 서술체(narration) 혹은 담화(discourse)라고 했다.

행위하는 인간들 중에서 고상한 사람들의 행위를 모방한 것이 비극이고, 저열한 사람들의 행위를 모방한 것은 희극이 된다. 이 이론이 차츰 전반적인 예술, 특히 조형예술 분야로 확산 적용되었다. 매체가 언어면 문학이요, 매체가 물감이면 그림일 뿐 자연의 모방이라는 것은 모든 예술의 기본 이념이라고 생각했다. 아리스토텔레스가 '자연의 모방'이라고 했을 때 그것은 인간이라는 자연을 의미했지만 르네상스 이후의 서구 예술은 그것을 모든 자연으로 확대하여 풍경화까지도 자연의 모방이라는 범주 안에 포함되었다.

미메시스가 예술의 절대적인 기초로 여겨지던 시기에 무대 위의 연극이나 화폭 위의 그림이 자연스럽지 않다는 것은 가장 수치스러운 약점일 것이다. 그런데 배우의 연기가 자연스럽지 않게 되는 것은 관객을 의식할 때이다. 관객이 자신을 바라보고 있다는 것을 의식할 때 배우는 자연스러움과 자발성을 잃게 된다. 그렇게 되면 연극은 사실이 아니라 단순히 연극이라는 느낌이 들게 되고, 결국 관객은 연극과 일체감을 느끼지 못하게 될것이다.

이런 부자연스러움을 디드로는 '연극성'이라는 말로 경멸했다. 그리고 그 '연극성'의 개념을 미술에도 적용했다. 화폭 속 인물들이 관객의 존재를 의식하면 자연스러운 표정이 나오지 못한다는 것이다. 결국 디드로에게서부터 관객의 존재는, 그것이 연극의 관객이건 회화의 관람자건 간에, 미메시스에 대한 커다란 위협으로 간주되기 시작했다.

연극과 드라마

디드로 이후 프랑스 회화는 "인물들이 관객의 존재를 잊어버린척 해야만 했다"고 프리드는 〈몰입과 연극성〉에서 지적했다. 인물이 관객을 의식하지 않고 자기 행동에만 몰입하는 그림은 당연히 관습적으로 관객이 있던 자리에서 관객들로 하여금 자리를 뜨도록 종용한다. 관객을 이동시키기 위한 구체적인 방법은 등장인물들의 시선을 관객으로부터 돌리게 하는 것이다. 관객의 존재를 의식하면 무대 위 배우들의 연기가 어색해 지듯이 그림 속 인물의 표정도 관객을 의식하면 부자연스러워지기 때문이다.

디드로가 질타한 미술작품에서의 연극적 요소는 재현된 인물들의 과장된 몸짓, 강렬한 명암효과, 인위적인 공간과 인물배치 등이다. 디드로의 영향으로 18세기의 프랑스 화가들은 회화의 이와 같은 연극성과 싸울 수 있는 두 가지 방법을 발견했는데, 그 하나가 드라마적 회화이고, 또 하나는 목가적이라는 회화 개념이다. 이때 드라마적 회화 개념을 우리말로 '연극적'이라고 번역하면 디드로의 생각과 정반대의 해석이 된다.

디드로는 보통 사람들로부터 시공간적으로 거리가 있는 17세기 고전주의 비극에서 벗어나 일상적이고 경험적인 현실 세계를 연극의 소재로 써야 한다고 주장하며 스스로 그에 부합하는 작품 〈사생아〉(Le Fils naturel, 1757)와 〈가장(家長)〉(Le Père de famille, 1758)을 썼다. 연극의 규모가 가정극의 범위로 제한되어 있고, 아버지의 역할 또는 아버지와 아들의 관계를 다루고 있으며, 거의 언제나 해피엔딩으로 끝나는 이 작품들이 바로 부르주아 드라마의 효시인 것이다. 이것이 디드로가 말하는 드라마이다.

'연극'(théâtre)이 좀 더 허구적이고 과장적이고 그야말로 '연극적'인 것인 반면 드라마는 가족 이야기처럼 우리에게 가깝고 친숙한 소재와 사실적인 연기로 완전히 현실 같은 연극이다. 대학로나 서교동의 소극장에서의 '연극'과 TV 드라마를 비교해 보면 '연극'과 드라마의 차이를 정확히 알 수 있을 것이다.

그러니까 드라마적 회화는 인물의 과장된 몸짓이나, 감상적인 주제, 인위적인 공간배치 등을 지양하여 사실임즉하고 자연스러운 효과를 내기 위한 회화적 기법이다.

드라마적 방법과 목가적 방법

관객의 시선을 따돌리기 위한 첫 번째 전략은 인물들로 하여금 관객의 존재를 잊어버릴 정도로 자기가 하는 일에 심리적으로 몰두

그뢰즈, 〈벌받은 아들〉(Le mauvais fils puni, 1755), 디드로 이후 프랑스 회화는 관객의 존재를 의식하지 않고 자기 일에 몰두하는 인물을 그리는 것에 최대의 역점을 두었다. 소위 '몰입' 의 그림이다. 그뢰즈의 작품에서는 작품과 관람자 사이의 직접 교류를 위한 기존 회화의 어떤 기법도 찾아 볼 수 없다. 등장인물들 가운데 아무도 관람자와 시선을 맞추지 않고, 그 누구도 관람자를 화면 안으로 끌어들이는 자세를 취하지 않는다. 중앙에는 침대 아래서 무릎을 꿇고 있는 아들의 모습이 보이고, 오른편의 어머니는 뒤에 선 아들을 향해 얼굴을 돌리고 손은 아버지를 가리키고 있다.

하도록 하는 것이다. 그림 속 인물이 자신의 진정성, 사실성을 잃지 않으려면 사람들이 그를 본다는 것을 의식해서는 안되고, 관객에게 자기가 바라보여 진다는 것을 느끼고 있음을 알려서도 안된다. 마치 무대 위의 배우들이 어두운 객석에 아무도 없는듯이 연기할 때 연극의 사실성이 배가되는 것과 같다. 그들이 자신의 일에 몰두해 있을수록 관객은 그들 세계의 실재성을 신뢰하게 된다. 인물이 관람자의 존재에 전혀 신경 쓰지 않고 자신의 행동에만 몰두함으로써 외부의 관객을 배제하는 회화가 바로 드라마적 개념의 회화이다. 드라마적 개념은 관객을 회화의 공간에서 배제하고 멀리 쫓기 위한 것이었다.

샤르뎅, 〈차를 마시는 부인〉, 그뢰즈의 그림
이 어떤 사건에 집단적으로 몰입해 있는
한 가족을 보여줌으로써 관객의 존재를 성
공적으로 따돌리고 있다면, 샤르뎅의 그림
은 인물들이 단지 관객을 보지 못하고 있
다는 인상을 주는데 만족한다. 이 그림의
부인은 차를 끓여 마시는 일에만 몰두하고
있을 뿐 관람객의 존재에 전혀 신경을 쓰
지 않고 있다.

이처럼 관객의 존재를 무시하는 드라마틱한 방식은 그뢰즈(Jean-
Baptiste Greuze, 1725-1805)의 그림에서 전형적으로 나타난다. 그뢰즈는
디드로가 창안한 부르주아 가정 드라마를 그대로 화폭에 옮겨 아
버지와 아들이라든가 가족간의 갈등 관계를 주로 그렸다. 〈벌받은
아들〉(Le mauvais fils puni, 1755), 〈자녀들에게 성경을 읽어주는 아버지〉
(Un père de famille expliquant la Bible à ses enfants, 1755) 등에서 아버지와 아들의
책임과 의무, 효행, 행복, 교육과 같은 당대 부르주아의 가치가 그
대로 재현되고 있다. 그뢰즈의 작품들 대부분에서 아버지들은 매
우 늙고 병들어 있는데, 이는 오이디푸스적 충동의 숨겨진 표현으
로, 아버지 혹은 기성 권위에 대한 공격이라는 프로이트적 해석도

샤르뎅, 〈카드의 성(城)〉(Le château de cartes, 1734-35), 트럼프 카드로 성을 쌓고 있는 아이는 자신을 바라보는 관람객을 전혀 의식하지 않고 있다.

있다. 그러나 형식적인 면에서는 반(反)연극적 회화의 전형이라 할 만 하다. 가족들이 병상의 아버지를 중심으로 어떤 사건에 집단적으로 몰입해 있는 것을 보여줌으로써 관객의 존재를 성공적으로 무화시키고 있기 때문이다.

반면에 샤르뎅(Jean-Baptiste Siméon Chardin, 1699-1779)의 풍속화들에서는 인물들이 단지 관객을 보지 못하고 있다는 인상을 주는 데 만족한다. 〈독서에 몰두하는 철학자〉(Le Philosophe occupé de sa lecture), 〈카드의 성(城)〉(Le château de cartes, 1734-1735), 〈비누방울〉, 〈차를 마시는 부인〉 등에서 책 읽는 철학자, 트럼프 카드로 성을 쌓는 아이, 비누

방울 부는 아이, 그리고 차 마시는 부인들이 모두 자신의 일에만 몰두할 뿐 관객에게는 눈길을 주지 않는다. 샤르댕이나 그뢰즈의 그림들에서 장면은 관객을 위해 배치되어 있지 않다. 관객은 거기서 완전히 배제되어 있다.

드라마틱한 회화가 마치 그림 앞에 아무도 없다는 듯이 관객의 존재를 철저하게 무시하고 회화공간을 닫아 버리는 것이라면, 목가적(牧歌的, pastoral)인 회화는 관객을 그림 속으로 들어가게 만들어 관객들로 하여금 자신의 존재를 잊게 한다. 얼핏 정반대의 것으로 보이지만 그림 앞에 있는 관객의 존재를 부정한다는 점에서 결국 같은 목적의 두 방법일 뿐이다.

목가적 개념은 예컨대 베르네(Joseph Vernet, 1714-1789)의 풍경화 〈폭포가 있는 풍경〉(1758)에서 잘 나타나 있다. 훨씬 뒤 신고전주의 화가 다비드(Jacques Louis David, 1748-1825)는 〈구걸하는 벨리사리우스〉(1781)에서 자기 행동에 몰입하는 인물과 관객의 자리를 같은 회화 공간 안에 동시에 마련함으로써 드라마적 요소와 목가적 요소를 공존시켰다. 구걸하는 노인과 어린이 그리고 그들에게 적선하는 여인, 이 세 인물은 자신들의 행위에 몰두해 그들을 보고 놀라는 병사의 존재를 전혀 의식하지 못한다. 한

베르네, 〈폭포가 있는 풍경〉(1758). 관람객의 시선을 따돌리는 한 방법으로 '목가적 개념'이 있다. 관람객을 그림 속으로 들어가게 만들어 그들로 하여금 자신의 존재를 잊게 하는 것이다. 폭포가 있는 풍경 속에 사람들을 그려 넣은 이 그림이 '목가적 개념'의 좋은 예가 될 것이다.

다비드(Jacques Louis David, 1748–1825). 〈구걸하는 벨리사리우스〉((1781), 자기 행동에 몰입하는 인물과 관객의 자리를 같은 회화 공간 안에 동시에 마련함으로써 드라마적 요소와 목가적 요소를 공존시킨 흥미로운 작품이다. 구걸하는 노인과 어린이, 그리고 그들에게 적선하는 여인, 이 세 인물은 자신들의 행위에 몰두하여 그들을 바라보며 놀라는 병사의 존재를 전혀 의식하지 못하고 있다. 한 화면 안에 두 그룹의 인물들을 동시에 넣어 상반된 효과를 거두고 있다.

화면 안에 두 그룹의 인물들을 동시에 넣어 상반된 효과를 거두고 있는 것이다. 디드로는 같은 해의 '살롱' 평에서 "병사가 내 역할을 했다"고 말함으로써 병사가 관객을 재현하고 있음을 분명히 했다.

쿠르베

관객을 화폭 안에 끌어 들이는 두 번째 전술, 즉 목가적 방식에서 흥미로운 것이 쿠르베(Gustave Courbet, 1819–1877)의 작품들이다. 그는 관람자를 그의 자리에서 떠나게 하기 위해 아예 작품 속에 끌어 들인다. 〈오르낭의 매장(埋葬)〉(Un Enterrement à Ornans, 1849–1850, 314×

쿠르베, 〈오르낭의 매장(埋葬)〉. (Un Enterrement à Ornans, 1849－1850, 314×663cm), 오르낭 마을의 평범한 장례식 장면을 그렸다. 쿠르베는 관람자를 자신의 자리에서 떠나게 하기 위해 아예 작품 속에 끌어 들이는 방법을 썼다. 십자가를 진 사람과 무덤 파는 사람의 시선의 방향을 각기 다르게 함으로써 중앙의 관객을 작품의 왼쪽으로 밀어 붙이고, 그들로 하여금 행렬의 움직임을 따라가도록 함으로써 부분적으로나마 관객을 그림 안에 끌어 들인 것이다.

663cm, 오르세 미술관)에서 그는 십자가를 진 사람과 무덤 파는 사람의 시선의 방향을 각기 다르게 함으로써 중앙의 관객을 작품의 왼쪽으로 밀어 붙이고 있다. (프리드, 〈쿠르베의 사실주의〉 Courbet's Realism, 1990)

〈오르낭의 매장〉은 죽음에 대한 관념적인 의미 부여가 없다는 점에서 기존 서양화의 전통과 크게 차별이 되는 그림이다. 형식 또한 기존의 전통 회화에서 벗어나 있다. 등신대 크기의 인물들이 높낮이가 조금씩 다른 대지 위에 죽 늘어서 있는 가로의 평행 구도이기 때문이다. 캔버스의 중앙 아래쪽으로 구덩이가 파여 있지만 인물들은 이것과 상관없이 각기 그림의 다른 방향을 향해 서 있다. 마치 장례식과는 무관하게 각자 자신의 생각에 잠겨 있는듯 하다. 이들

제리코(Théodore Géricault, 1791–1824). 〈메두사의 뗏목〉(Le Radeau de la Méduse, 1819), 490×716cm. 1819년 파리 살롱전 출품작으로, 다음 해 런던에서 4만명의 관객을 동원했던, 19세기초의 화제작이다. 바다 한 가운데 떠 있는 뗏목에 의지하여 구조를 기다리는 난파 당한 인간들의 처절한 운명을 묘사하고 있다. 뗏목은 수면 위에 비스듬한 경사면을 이루며 대각선을 이루고 있어서 관람자는 올려다 보는 시점에 위치하게 되고, 뗏목 가장자리로 출렁거리는 파도는 광활한 바다가 캔버스 밖으로 확장되는듯한 환상을 주면서, 관람객은 마치 수면에 둘러싸인 듯한 착각을 느끼게 된다. 게다가 인물들은 모두 실물 크기여서 그들의 처절한 몸부림이 한층 섬뜩하게 다가온다. 디드로가 강조했던, 그림과 관람자 사이의 가상의 벽이 제거되고 관람자는 그림 공간 안으로 직접 연결돼 들어간다.

의 무관심한 반응은 각자의 분산된 시선을 통해 더욱 강조된다.

제리코(Théodore Géricault, 1791-1824)의 〈메두사의 뗏목〉(Le Radeau de la Méduse, 1819)이나 들라크루아(Eugène Delacroix, 1798-1863)의 〈민중을 이끄는 자유의 여신〉(La Liberté guidant le peuple, 1830, 260×325cm, 루브르)의 경우 죽음의 주제는 당대의 정치, 사회적 사건과 연관되기 때문에 관람자들은 해당 사건을 생각하며 그림을 본다. 그러나 〈오르낭의 매장〉 앞에 선 관람자는 장례식에 모인 인물들이 왜 거기에 모여있는지 도무지 알 수가 없다. 옆사람과 관람자의 존재를 무시한채 모든 역할과 연기에서 벗어나 단순히 실물 크기로 늘어선 인물들의 지루하고 무표정한 반응 앞에서 관람자는 결국 고립된 자신의

들라크루아, (Eugène Delacroix, 1798–1863). 〈민중을 이끄는 자유의 여신〉(La Liberté guidant le peuple). 1830, 260×325cm, 루브르. 1830년 7월 혁명을 주제로 한 이 그림은 프랑스의 화폐 도안으로 쓰인 적도 있다. 전경(前景)의 시신들로부터 중앙 상단의 삼색기를 향해 고조되는 분위기는 제리코 그림의 상승하는 피라미드 구도와 비슷하다. 그러나 〈메두사의 뗏목〉에서 대부분의 인물들이 관람자에게 등을 돌린채 수평선을 향하고 있으며, 마치 무대위의 연기자처럼 아무도 그림 밖 관람자를 응시하지 않는데 반해, 이 그림의 인물들은 삼색기를 든 여주인공을 선두로 관람자를 향해 돌진하거나, 관람자의 시선과 정면으로 마주보고 있다. 그들의 적의에 찬 시선에서 관람자는 자신의 오른편에 서 있을 가공의 관람자를 상상하게 되고, 혁명에 대한 자신의 입장을 즉각적으로 선택해야 한다는 강박감을 느끼게 된다.

존재를 확인할 뿐이다.

전경(前景)의 얕은 공간은 빈틈 없이 서 있는 인물들로 가득 채워지고 이들 뒤로는 시야를 가로막은 후경(後景)의 언덕이 자리잡고 있다. 그러므로 여기서는 전경, 중경, 후경으로 연결되는 기존의 삼차원 공간 대신 차라리 모더니즘의 속성인 평면성이 강조되고 있다.

쿠르베는 관객들로 하여금 자기 눈앞에 전개되는 행렬의 움직임을 따라가도록 만들면서 관객을 적어도 부분적으로나마 그림 안에 흡수한다. 연극성을 없애기 위해, 그러니까 관객을 몰아내기 위해, 다시 말하면 중앙의 문제성 있는 자리를 뜨게 하기 위해 재현적 요소 자체를 사용한 것이다.

쿠르베, 〈안녕하세요, 쿠르베씨〉(Bonjour M. Courbet, 1853), 관객을 그림 안에 흡수하는 방식은 쿠르베의 이 그림에서 가장 잘 드러난다. 그림에는 두 행인과 인사를 나누는 화가 자신의 모습이 들어 있는데, 화가는 최초의 관객이므로 결국 그림 안에 관객이 들어가 있는 것이다.

관객을 그림 안에 흡수하는 방식은 쿠르베의 〈안녕하세요, 쿠르베씨〉(Bonjour M. Courbet, 1853)와 〈화가의 아틀리에〉(L'Atelier du peintre, 1854-1855, 오르세 미술관)에서 더 잘 드러난다. 〈안녕하세요, 쿠르베씨〉에는 두 행인과 인사를 나누는 화가 자신의 모습이, 〈화가의 아틀리에〉에는 이젤 앞에 앉아 그림을 그리고 있는 화가 자신의 모습이 들어있다. 화가는 최초의 관객이므로 결국 그림 안에는 관객이 들어가 있는 것이다. 그런 식으로 그는 회화의 잠재적 연극성의 요소를 아예 지워 버렸다.

이렇게 관객을 끌어들이건 내치건 간에 여하튼 회화의 반연극

쿠르베, 〈화가의 아틀리에〉
(L'Atelier du peintre,
1854-1855, 오르세 미술
관), 이젤 앞에 앉아 그림
을 그리고 있는 화가 자신
의 모습이 보인다. 옆에서
구경하고 있는 사람들은
그 시대의 모든 인간 유형
을 대표한다. 화면 오른쪽
에는 시인 보들레르와 미
술 애호가 등 예술을 이해
하는 친구들이고, 왼쪽은
사냥꾼, 사제, 어릿광대 등
쿠르베가 관심을 가졌던
민중들이다. 쿠르베는 이
들을 '민중, 비참, 빈곤,
부, 착취당하는 자, 착취하
는 자, 죽음으로써 사는 사
람들'이라고 표현했다.

성이 노리는 것은 관객이 회화에 보내는 시선을 피하거나 교묘히
회피하는 것이었다. 그리고 관객의 시선에서 벗어나기 위해 관객
의 자리를 이동시키는 것이었다.

샤르뎅에서 쿠르베에 이르기까지 많은 화가들이 관객의 시선을
피하기 위한 다양한 회화적 전략을 개발해 냈다. 19세기 중반 까
지 프랑스 고유의 회화 미학으로 자리 잡았던 소위 회화의 '반(反)
연극성'이었다. 회화를 마치 연극의 무대처럼 생각하는 것은 회화
의 최초의 규약, 즉 회화란 일차적으로 단순히 눈에 보여지기 위
해 만들어진 사물이라는 규약을 어기는 것이라 할 수 있다.

반 연극적 전통에 대한 반동

쿠르베가 두 번째 방식의 반 연극성을 자신의 그림에서 실행하고 있던 바로 같은 시기에 19세기 프랑스에서는 이런 반 연극적 전통이 위기를 맞는다. 몰입도 역시 가장(假裝, fake, feinte)이라는 것을 사람들이 인식하기 시작한 것이다. 인위적인 것을 감추기 위한 또 다른 인위성이 본래의 효과를 전도하는 효과를 낸다는 것, 즉 연극성의 극치에 이른다는 것을 사람들이 알게 되었다.

엄연히 앞에 관객이 있는데 마치 아무도 없다는 듯 연기하는 것은 사람들을 의식하고 부자연스럽게 과장적인 연기를 하는 것보다 더 심한 인위성일 수 있다는 것이다. 팡탱-라투르(Henri Fantin-Latour, 1836-1904), 휘슬러(James Mac Neill Whistler, 1834-1903) 등의 예가 이런 반연극적 규약의 쇠퇴를 보여준다. 그들의 새로운 실험은 회화성 그 자체를 강화하겠다는 새로운 염원을 보여주는 것이다.

휘슬러의 〈흰 옷을 입은 여인〉(La Jeune fille en blanc, 1863)은 그뢰즈의

인물들과는 반대로 몰입돼 있지만 관객의 정면을 바라보고 있다. 그녀의 몰입은 관객의 존재를 무시하는 것이 아니다. 자기 자신의 생각에 깊이 잠겨 있으면서 동시에 자신이 응시의 대상이라는 것을 의식하고 있다. 이런 분할된 내면성이 1860년대 회화의 특징이었다. 이 세대 화가들은 앞을 바라보는 인물의 시선을 그림으로써 디드로 이후 화가들의 거짓말에서 벗어나려 했다. 화가들은 이제 회화가 시각적인 사물이라는 사실을 더 이상 부정하지 않았다. 그러니까 연극성의 부정을 다시 한 번 부정한 것이다.

그 중에서도 마네는 자기 그림 안에 관객의 존재를 인정하고 통합시킴으로써 반(反)연극적 전통을 가장 분명하게 끝장낸 화가라는 것이 프리드의 생각이다(〈마네의 모더니즘〉 (Manet's Modernism, 1996). 마네는 관객의 존재와 그들의 시선을 있는 그대로 받아들임으로써, 그것을 무리하

휘슬러, 〈흰 옷을 입은 여인〉(La Jeune fille en blanc, 1863), 그리즈의 인물들과는 정반대로 휘슬러의 인물은 자기 생각에 몰입되어 있지만 관객의 정면을 바라보고 있다. 그녀의 몰입은 관객의 존재를 무시하는 것이 아니다.

게 감추려 하던 전통 회화의 방법에 종지부를 찍었다. 작품 앞에 서 있는 관객의 존재를 도저히 거부할 수 없다는 것을 알고서 그는 마침내 회화를 단순히 바라봄의 대상으로 삼는 원초적 규약을 받아들인 것이다.

이를 위해 마네는 우선 관객의 존재를 추상적으로 설정했다. 다시 말해 전통적 형식 속에서 연극적 효과를 피하기 위해 화가와 관객 사이에 설정했던 분리, 거리감, 대결 등을 회화 안에 통합시켜야 한다고 생각했던 것이다. 그러므로 그의 회화는 반연극적이면서 동시에 연극적이다. 과장이 없으므로 반연극적이고, 보여주기 위해 만들어졌으므로 연극적이다. 다시 말하면 행동의 연극성이 아니라 전시의 연극성인 것이다.

'당신'의 텅 빈 시선 · 주제의 거부

쿠르베가 관객을 철수시키기 위해 자기 인물들의 시선을 사용했다면 마네는 반대로 관객을 그림 앞에 위치시키기 위해 자기 인물들의 시선을 사용한다. 마네가 관객의 부재라는 디드로적 허구에 마침표를 찍을 수 있었던 것은 시선의 유희를 통해서이다. 회화가 단순히 시각적인 대상이라는 회화 본래의 규약을 그가 받아들일 수 있었던 것은 바로 이 시선의 유희 덕분이었다.

여기서 프리드는 자신의 스승인 메이어 샤피로(Meyer Schapiro, 1904-1996)의 말을 인용한다. 반 고흐의 구두 그림을 놓고 하이데거의 저작에 이의를 제기했던 미국의 미술사학자 메이어 샤피로는 인물의 앞모습과 옆모습의 차이를 3인칭과 2인칭의 주어로 해석하여, 옆모습의 얼굴이 '그'(he) 또는 '그녀'(she)인데 반해 앞모습의 얼굴은 '나'(I)와의 관계 속에서만 의미를 갖는 '너' 또는 '당신'(you)이라고 말했다(샤피로, 〈세계와 회화〉(World and Pictures, 1973). 그러고 보면 〈폴

155

리-베르제르 바〉,〈맥주홀 여급〉에서 정면을 바라보는 여급과,〈철도〉에서 철책 앞에 앉아 앞을 바라보고 있는 여인의 얼굴들은 대담하게 관객을 향해 말을 걸고 호객하는 '당신'들이다. 그녀들은 3인칭의 '그녀'가 아니라 관객인 나에게 말을 거는 2인칭의 '당신'이다.

얼굴의 정면성은 마치 '나'를 부르는 '너'처럼 관객의 존재를 요구한다. 이것이 아마도 19세기의 관객들을 당황하게 만든 또 하나의 요인인듯 하다. 디드로 이래 1세기 동안 전통적 회화에 길들여진 관객들은 재현이 그것 자체로 완결되어 닫혀 있을 것을 기대하고 있는데, 느닷없이 재현 속의 인물이 자신들에게 말을 걸며 이원적인 관계를 호소했기 때문이다.

그러나 관객들은 인물의 시선이 텅 비어 있는 것을 보고 다시 한 번 놀란다. 정면의 얼굴에 의해 촉발된 관심은 그 시선의 무표정 앞에서 새삼 거리감을 느끼고 다시 한 번 놀란다.〈풀밭에서의 점심〉의 나체 여인의 시선이나〈올랭피아〉의 시선, 또는〈화실에서의 점심〉의 남자의 시선들은 모두 텅 비어 있다. 그러므로 시선의 방향이 일으킨 기대를 시선의 내용이 실망시킨다. 그 텅 빈 시선들은 마치 의식들간의 소통을 막는 가림막과도 같아서 관객을 배제하고 장면을 닫는다. 이 시선의 불투명성을, 자기 내부의 생각에 몰입되어 세상과의 관계에 무관심한, 일종의 전통적 몰입으로 생각할 수도 있겠다.

그러나 마네의 동시대인들은 그 무표정한 얼굴들을 몰입이라고 생각하지 않았다. 텅 빈 시선에 그들은 아무런 심리적 깊이도 부여하지 않았다. 프리드가 수집한 당시의 비판은 주로 마네의 인물들이 속이 비어있고, 내면이 없어서 일체의 소통이 불가능하다는 것에 집중되어 있었다. 토르의 '범신론'이나 폴 만츠(Paul Mantz)의 '인간으로서의 함량 미달' 이야기는 '납작한 그림'에 대한 비판이면서 동시에 '텅 빈 시선'에 대한 비판으로 해석할 수도 있다.

유일하게 마네를 옹호한 졸라는 "인물 심리에 대한 모든 고찰은 주제에 기인하는데, 주제란 여기서 회화의 변명에 불과하다"고 말했다. 사실 마네의 주요 그림들은 대부분 전통적인 주제를 새로운 기법으로 처리해서 다시 그린 그림들이다. 〈올랭피아〉는 티치아노의 〈우르비노의 비너스〉를, 〈풀밭에서의 점심〉은 역시 티치아노의 〈전원음악회〉를 재해석해 그린 것이다. 다시 말하면 주제는 무엇이라도 괜찮고, 주제에 별 다른 의미가 없으며, 주제는 중요하지 않다는 이야기이다. 플로베르를 연상시키는 이 '주제의 거부'야말로 마네의 회화를 가장 정확하게 규정짓는 근대성의 미학이다.

푸코와 마찬가지로 프리드도 역시 마네의 스캔들의 이유를, 기대가 좌절된 관객들의 당황스러움에서 찾는다. 관객들은 화가가 하나의 스토리를 이야기하고, 감정을 표현하고, 그것을 느끼게 해주기를 기대했는데, 마네의 그림은 고작 세계의 무의미한 단편(斷片)만을 보여주었기 때문에, 그것이 불만으로 폭발되었다는 것이다. 그러나 그림의 서사적 요소를 말하고 있다는 점에서 프리드의 비평은 푸코보다는 바타이유에 더 가깝다.

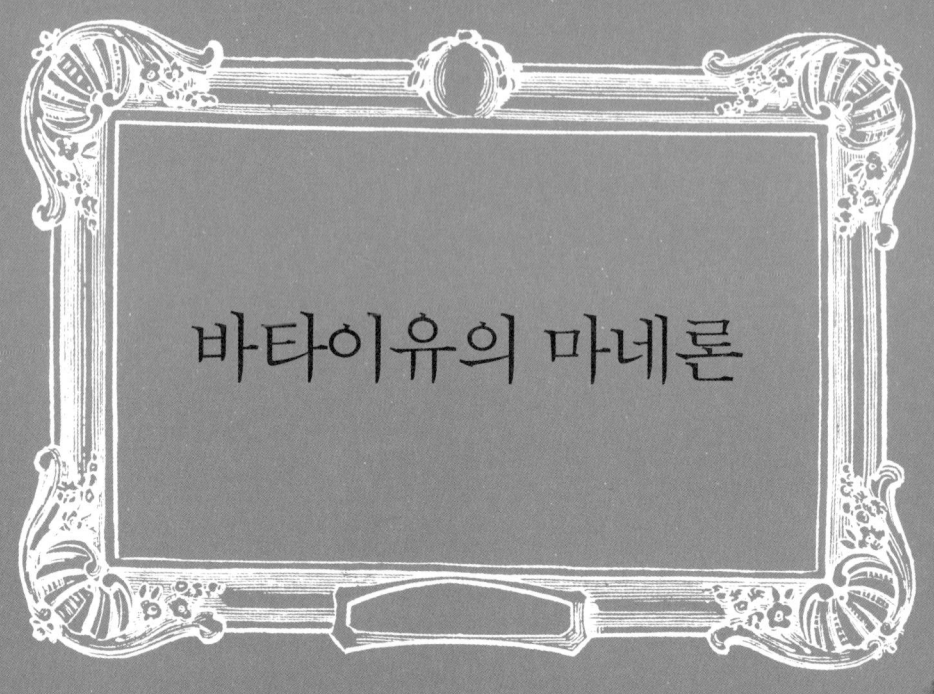

바타이유의 마네론

스테판 말라르메가 1875년에 번역한 애드거 앨런 포의 시집 〈갈가마귀〉의 표지 일러스트레이션. 마네가 그렸다.

있는 그대로의 회화

▶ 〈늙은 악사〉(The Old musician), 마네, 오랫동안 서양 회화는 어떤 스토리 혹은 에피소드를 재현하는 것이었다. 그래서 피렌체 인문주의자의 윤리학적 저술과 대칭을 이루는 그림이라느니, 시대적 아픔을 그렸다느니 하는 해석이 미술 평론의 정설로 되었다. 그러나 마네는 회화를 서사에 종속시키기를 거부하고, 미술은 미술일 뿐이라는 것을 그림으로 표현하고 싶었다. 서로 어울리지 않는 인물들이 조합된 이 그림에서도 평자들은 어떤 의미를 찾으려 애쓰지만 그러나 헛된 일이다. 의미는 없으므로, 그림은 의미가 아니라 그냥 그림이므로.

사회를 금기와 위반이라는 독특한 관점에서 해석했던 작가 바타이유(Georges Bataille, 1897~1962)는 마네에 관한 책(Manet, 1955)을 한 권 쓸 정도로 마네에 열광했다. 현대적인 회화는 다른 누구도 아닌 바로 마네로부터 시작되었다고 그는 말한다. 푸코와 마찬가지로 바타이유도 마네의 스캔들에서 관객의 당황을 강조한다. 사람들이 지시적(指示的) 회화(referential picture, peinture référentielle)에 대한 기대를 갖고 있었는데, 마네는 이 관계를 불투명하게 하고, '재현(再現, représenter)'의 '재(再, re)'를 강조한 회화만 보여줌으로써 이 기대를 실망시켰다는 것이다. 다시 말하면 마네는 회화라는 것이 어떤 스토리 혹은 에피소드를 재현해야 하는데 아무런 의미 없는 물질성만을 다시(再) 가져와 관객의 앞에 놓았다는 것이다.

'지시적 회화'란 하나의 그림이 로마의 고사를 그렸다든가, 아니면 신화 속의 비너스를 그렸다든가 하는 식으로 어떤 이야기나

에피소드를 지시하는 그림을 말한다. 다시 말해서 내용이 형식보다 우선하고, 이미지의 정확성이 내용을 분명하게 지시해 주는, 그런 완결된 재현을 뜻한다. 회화에서 일종의 연극적 장면을 기대하는 것이다. 푸코가 마네의 해석에서 회화의 물질성을 강조한 반면 바타이유는 서사 요소의 결여를 더 강조한다.

푸코, 바타이유, 프리드 세 사람 모두에게 있어서 마네는 '있는 그대로의 회화'를 그린 화가이다. '있는 그대로의 회화'란 무엇인가? 쉽게 말하면 '회화는 회화일 뿐이다'라는 것이다. 어떤 이야기를 전달하기 위한 시각적 수단이 아니라 그 자체로 목적이고 가치인 그러한 회화를 말한다. 그러니까 그림의 주제는 필요 없거나 혹은 있더라도 그림을 그리기 위한 최소한의 변명이 될 뿐이다. 바타이유의 논의는 주제의 거부라는 문제에서 탁월한 비전을 보여준다.

바타이유는 예술의 역사를 '저주받은 몫'의 시각에서 보며(La Part maudite, 1947), 놀이를 통한 인류의 진정한 탄생을 보여주는 것은 바로 라스코 동굴의 벽화라고 생각한다(Georges Bataille, La Peinture préhistorique, Lascaux ou la naissance de l'art, Genève, Skira, 1955).

인류가 겨우 인간으로 진화한 그 옛날 원시시대에 인류는 수렵이나 채집 같은 노동을 하고, 도구를 만들어 내고, 축적된 자원들을 비축하거나 나눠주는 등 오로지 생계를 위한 활동만을 했다. 생산과 연관이 없는 활동은 낭비로 죄악시 되었으며 오로지 생산과 생계를 위해 모든 합리성이 동원되었다. 이런 노동의 영역, 혹은 자원들의 합리적인 배분의 영역에 생산과 아무 관계 없는, 순수하게 즐거움 그 자체를 위한 놀이의 영역이 등장했다. 동굴 암벽에 동물의 모양을 새긴 것이다.

힘들게 바위를 쪼아내 동물의 모양을 만들고 거기에 색채를 입

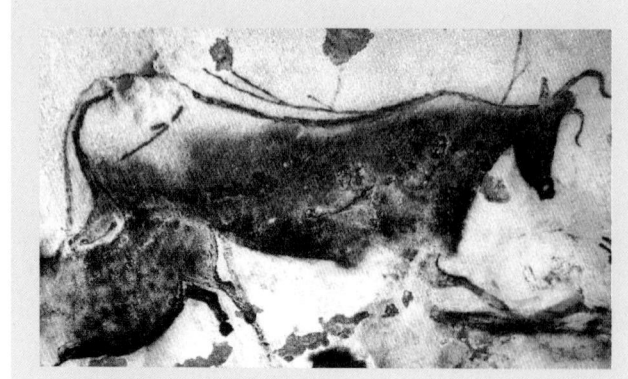

라스코 동굴벽화. 힘들게 바위를 쪼아내 동물의 모양을 만들고 거기에 색채를 입히는 행위는 생명 유지를 위한 노동과는 아무 상관이 없다. 글자 그대로 노동력의 낭비, 자원의 낭비일 뿐이다. 이 무상적(無償的) 행위, 이 쓸데없는 낭비가 바로 예술의 원초적 기원이다.

히는 행위는 인간의 생명 유지를 위한 노동과는 아무 상관이 없다. 그것은 글자 그대로 노동력의 낭비, 자원의 낭비일 뿐이다. 이 무상적(無償的)인 행위, 이 쓸데 없는 낭비적 행동이 바로 예술의 원초적 기원이다. 그러므로 예술은 근원적으로 낭비다. 그러나 그것은 아름다운 낭비이다.

이때부터 인간의 행동은 두 개의 영역으로 분리되었다. 이론적이건 실천적이건 간에 앎에 의해 지배되는 속(俗)의 세계와, 도저히 지식을 가지고는 이해할 수 없고 동화(同化)할 수 도 없는 불가해한 성(聖)의 세계가 그것이다. 이 비합리적이고 무질서한 성(聖)의 세계 앞에서 앎은 무력하고 쓸데 없는 것이 된다. 예술의 기원은 이처럼 앎이 아닌 세계 즉 비(非)-앎(non-savoir)의 세계이다.

그러나 라스코 벽화 이후 인간 사회가 발달하면서 미술은 원래 미술에 부여되었던 목적에서부터 점차 멀어지게 된다. 미술 본래의 목적은 사람들의 눈에 보이는 아름다운 물건을 만들어내는 것이었다. 이 단순한 미술의 목적에서 멀어지게 된 것은 회화가 인문주의와 결합했기 때문이다. 소위 아카데미즘은 회화에 대한 인문주의적 이론의 산물이다.

회화에 대한 인문주의는 아리스토텔레스의 〈시학〉과 고대 로마 시대의 시인인 호라티우스(Quintus Horatius Flaccus, 기원전 65-68)의 〈시작술(詩作術)〉(Art poétique)에 근거를 두고 있다. 특히 호라티우스의 ut pictura poesis(그림을 시처럼)라는 유명한 비교가 회화를 인문학에 종속시키는 결정적인 계기가 되었다.

고대 그리스 이래 서양 미술은 문학 이론을 회화에 적용시켜, 회화도 시처럼 인간의 행동을 묘사해야 한다고 생각했다. 자연히 성경, 신화 혹은 과거의 위대한 역사적 에피소드 등을 그린 역사화만이 위대한 미술이 된다. 따라서 그림을 제대로 감상하기 위해서는 인문적 지식이 필요하다. 루벤스(Pierre Paul Rubens, 1577-1640)의 〈로마의 자비〉가 외설적인 그림이 아니라 아버지를 살리려는 딸의 지극한 효심이라는 것을 이해하려면 막시무스의 역사서를 읽어야 한다.

제리코의 〈메두사의 뗏목〉에서 감동을 받기 위해서는 메두사 호의 난파에 대한 고사를 알아야 하고, 더 나아가 이 그림이 미술사에서 차지하는 위치까지 알아야 한다. 예컨대 이 그림은 1816년 아프리카 해안에서 난파한 메두사 호의 승객 149명이 20 × 7m의 뗏목을 타고 표류하던 중 서로 싸우고 잡아먹어, 겨우 15명만 살아남았던 끔찍한 사건을 주제로 한 것이며, 살롱 전 이후 런던 전시에서 큰 반향을 일으킴으로써, 일종의 낭만주의 선언으로 간주되었다는 등의 역사적 지식이 감상의 기본 조건이 되는 것이다.

가리키는 손

마네는 이 박식한 회화와 단절했다. 마네의 동시대인들이 마네의 그림에 가했던 격렬한 비판은 역설적으로 회화가 미술 본래의 목적에서 얼마나 벗어났는지를 보여주는 지표이다. 마네의 그림 앞에서는 다비드(Jacques Louis David, 1748-1825)의 〈소크라테스의 죽음〉(La Mort de Socrate, 1787) 앞에서 처럼 그림의 내용을 판독하기 위해 인문적 교양을 환기시킬 필요가 없다. 판독할 아무것도 없기 때문이다. 마네의 그림은 더 이상 의미를 전달하지 않는다. 서사적 지시(指示)는 희미하게 지워져 있다.

〈풀밭에서의 점심〉의 다소 의아스러운 인물들의 모임은 무엇을 의미하는가? 그리고 또 오른 쪽 남자의 마치 방아쇠를 당기는 듯한 표족한 손가락은 무엇을 가리키는가? 사람들은 그 의미를 찾아내려고 온갖 박식한 지식을 다 동원해 본다. 인물의 동작과 자세를 통해 영혼의 상태를 드러내야 한다고 레오나르도 다 빈치

(Leonardo da Vinci, 1452–1519)가 〈회화론〉(Trattato della Pittura)에서 말한 이래 서양 회화에서 인물이 '가리키는 손'은 관람자를 화면 안에 끌어들이는 중요한 역할을 했다.

〈대제사장과 유다의 배반〉을 그린 지오토의 프레스코화에서 엄지를 세운 서기관의 손짓은 유다의 행위에 대한 도덕적 비난의 함의를 내포하고 있고, 카라바지오(Caravaggio, 1573–1610)의 〈마태를 부름〉에서는 인물의 손짓이 마태의 신원을 확인해주는 역할을 하고 있다. 고대 이래로 하늘을 향한 손짓은 신을 가리키거나 또는 신을 향한 호소라는 것이 서양 회화의 고정적 코드이기도 했다.

그러나 마네 그림에서의 '가리키는 손'은 아무것도 가리키지 않는다. 풀밭에서 나체의 여인 앞에 앉아 있는 남자가 손을 뾰족하

지오토, 〈대제사장과 유다의 배반〉, 아레나 예배당(Arena chapel)의 프레스코. 두 그룹으로 나뉜 무리가 각각 사건에 몰두하고 있다. 왼편 무리는 유다가 예수를 밀고하는 대가로 대제사장한테 은전 30을 받는 중이고, 오른편 무리는 서기관들로, 그중 화면 앞쪽의 인물이 엄지를 세워 반대쪽에서 행해지는 일에 대한 내용을 이야기하고 있다. 전통 서양 회화에서 제스처는 시선과 함께 관람자의 주의를 집중하는 중요한 회화적 장치였다. 엄지를 세운 손은 트레첸토(14세기)의 산물로서 특히 지오토에서부터 시작되었다. 이 시대의 그림에서 손가락이 지시하는 대상은 화면 안에 있었으므로, 관람자는 손가락이 가리키는 방향에 따라 그림 안으로 들어가기만 하면 되었다.

게 쳐들고 있고, 온실에서 남자의 검지 손가락이 뭔가 가리키는듯 펼쳐져 있고, 발코니에 서 있는 남자가 왠지 주먹을 불끈 쥐고 있지만 그것들은 아무것도 의미하지 않는다. 왜냐하면 회화는 뭔가를 의미하는 것이 아니기 때문이다. 마네는 무언가를 말하는 회화가 아닌 '회화의 침묵'을 원했다. 그는 시와 미술의 끈을 결정적으로 잘랐다. 이렇게 '담론의 기능'에서부터 해방된 회화는 자율적인 예술이 된다. 그는 읽을 수 있는 회화를 볼 수 있는 회화로 대체했다. 그의 인물의 자세는 뭔가를 의미하지 않고, 몸짓들은 아무것도

카라바지오(Caravaggio, 1573-1610) 〈마태를 부름〉, 오랫동안 학자들의 관심과 논란의 대상은 마태가 누구일까 하는 것이었다. 일반적으로 탁자의 인물들 중 중앙의 납작한 모자를 쓰고 반대편에서 다가오는 예수 일행을 향하여 자신을 가리키는 남자가 마태로 알려졌었다. 하지만 그의 손짓이 지나치게 곧아, 정작 자신을 가리키기보다 옆의 인물을 지시하고 있다는 주장이 제기되었다. 이 그림은 또 창문이 빛의 광원 역할을 하는 전형적인 예이기도 하다.

지시하지 않으며, 구도는 그 어떤 스토리에도 봉사하지 않는다.

스승인 쿠튀르(Thomas Couture, 1815-1879)의 화실에서 마네는 모델들이 부자연스러운 포즈를 취하는 것에 화를 냈다고 한다. 그는 다른 화가들이 요구하는 것, 즉 드라마틱한 표현을 아주 싫어했다. 묘사해야 할 행동이나 이야기해야 할 스토리가 없었기 때문이다. 〈풀밭에서의 점심〉의 뾰족한 손가락은 이와 같은 '읽을 수 없음'의 상징이다. 그것은 아무것도 지시하지 않는다. 〈늙은 악사〉도 극장 뒤 분장실의 배우들을 아무런 의도 없이 아무렇게나 배치했다.

〈화실에서의 점심〉에 모여 있는 인물들은 완전히 무-의미의 극치를 보여준다. 이와같은 목적성의 부재는 사실임즉한 효과를 의도적으로 외면하고 이미지의 서사성을 극도로 약화시키기 위한 전략이다.

그런데 원래 그림은 무엇을 재현하기 위한 것이 아니라 그저 눈에 보이는 어떤 사물을 만들어 내는 것이었다. 그렇다면 마네가 회화에 대해 한 것은 혁명이 아니라 예술의 본질로 되돌아간 것이다. 그의 회화와 함께 예술은 그 동안 얼마간 은폐되었던 본질에 도달했다. 고대 그리스 이래 인문학자들이 끊임없이 발전시켰던 예술의 지성화(知性化)는 예술에게서 전복적(顚覆的)인 힘을 제거했다. 회화는 실용성이나, 군주 혹은 교회에 너무 많이 봉사했다. 권력, 담론, 관습에 종속된 예술은 더 이상 엑스터시, 성스러움, 혹은 지상권(至上權)으로 향하는 왕도가 아니게 되었다. 엑스터시니 성스러움이니 하는 것들은 모두 앎과는 정반대의 용어들이다. 예술은 오만하고 지성적인 학자가 논하는 합리적 이론의 세계, 앎의 세계가 아니다. 예술은 뭔지 알 수 없고, 도저히 소화시킬 수 없는, 그러면서도 황홀한 법열의 순간이다.

아카데믹한 규칙의 강제에서 해방된 마네의 회화는 비-앎의 공허를 열어주었고, 마네와 함께 예술은 비-의미에 도달했다. 마네의 회화의 이런 침묵과 무관심을 바타이유는 회화의 헐벗음(nudité de la peinture)이라고 말했다.

마네의 회화가 스토리를 버렸다고는 하지만 주제까지 완전히 버린 것은 아니다. 주제가 있기는 하다. 그러나 그것은 더 이상 표현적이 아니다. 심리적인 의미에서 '표현적'(expressive)이란 말은 영혼의 감정들을 물리적으로 표출시킨다는 뜻이다. 예컨대 고야의 〈1808년 5월 3일〉(Le Tres de Mayo)은 비극적인 비장미가 있다. 그러나 마네는 〈막시밀리앙의 처형〉에서 일체의 감정적 표현이나 의미를 배제함으로써 무미건조한 작품을 만들어 냈다. 소재에 대한 극도의 무관심과 평면적인 색채 모델링을 통해 그는 감정을 최대한 절약한다.

마네는 자신의 그림에 주제를 포함시킨 다음 즉시 그 주제를 말살시킴으로써 주제의 영역 안에서 주제를 공격했다. 주제는 여전히 있지만 어떻게 보면 그것은 회화의 변명에 불과할 뿐이다. 단지 어떤 '바라봄의 대상'을 만들기 위해 고야 혹은 티치아노에게

서 주제를 빌려와 〈막시밀리앙의 처형〉, 〈올랭피아〉, 혹은 〈풀밭에서의 점심〉을 그렸을 뿐이다. 기존의 주제에 가 부딪쳐 완전히 주제가 산산조각 났으므로 마네에게서 주제는 극복되었다기 보다는 차라리 난파되었다고 하는 게 옳겠다.

'주제의 난파'는 〈오페라 극장의 가면무도회〉에서 가장 잘 드러난다. 이상한 화면 배치로 의미는 모호해지고, 웅변은 억제되고, 주제는 불분명해졌다. 벌거벗은 그림만이, 다시 말하면 점, 색채, 움직임 등 매체로 환원된 그림만이 남았다.

마네와 함께 회화는 알레고리(우화)가 되기를 그쳤다. 알레고리는 은유 또는 상징과 비슷한 말로 '그것 자체를 넘어서서 다른 어떤 것을 보여주는 서사적 혹은 시각적 표현'이다. 그림은 그림일뿐, 그것을 넘어서서 다른 어떤 것을 의미하거나 보여주지 않겠다는 것이 마네의 숨은 의도이므로 그의 그림은 알레고리와는 거리가 멀다. 마네의 그림에서 얼굴과 몸들은 감탄, 존경, 비탄, 의심, 공포, 기쁨 등을 말하기는커녕 완전히 톤이 제거된(atone) 무표정한 물질의 차원이다.

그의 작품 중 얼굴이 표정을 갖고 있는 것은 〈나나〉(Nana, 1877), 〈말라르메의 초상〉(Portrait de Stéphane Mallarmé, 1876) 등 몇 점의 예외가 있을 뿐이다. 마네는 사람의 자연스러운 움직임을 침묵으로 축소시킨 화가이다. 다시 말하면 '언어로 옮겨 놓을 수 있는 그림'을 그리지 않겠다고 결심한 화가이다. 무관심하겠다는 원칙은 '회화에서 아무것도 표현하지 않겠다'는 결심을 의미한다. 회화 이외의 일체의 의미를 제거해 버렸으므로 남는 것은 미술의 본질일 뿐

◀ 〈나나〉(Nana, 1877), 마네, 자연주의 작가 에밀 졸라의 동명의 소설이 있다. 프랑스 제2제정(帝政)(1852-1870) 시대의 한 고급 창녀의 영화와 비참을 그린 소설 〈나나〉는 《루공 마카르 총서》의 제9권으로 1880년에 간행되었다. 나나는 이 총서의 제7권인 〈목로주점〉의 주인공 제르베즈의 딸로서, 퇴폐를 상징하는 자유분방한 미모의 창녀다. 마네의 인물들에는 일체의 표정이 없는데, 이 그림은 드물게 얼굴에 표정이 있다. 소설보다 3년 전에 그렸으므로 소설이 그림으로부터 영감을 받은 것임에 틀림없다. 오른 쪽에 남자 고객을 실크햇, 옆 얼굴, 몸의 일부만 절단한채 그려 넣은 것은 우키요에의 영향이기도 하고, 그보다 5년 후 그려질 〈폴리-베르제르 바〉를 예고하기도 한다.

아브라함 미뇽(Abraham Mignon), 〈꽃과 시계가 있는 정물〉(Still life with flowers and watch)(부분), 75×60cm, 암스테르담 레이크스 박물관. 17-18세기 네덜란드의 정물화는 아침식탁과 바니타스(vanitas) 정물화로 나뉜다. 인생의 허망함과 덧없음을 나타내기 위해 해골이나 시계를 꽃이나 식탁의 한 옆에 그려 넣는 그림을 바니타스 정물이라고 한다. 이것은 '헛되고 헛되니 모든 것이 헛되도다(Vanity of vanities; all is vanity)'(전도서 1:2)라는 성경구절에서 따온 말이다. 해골이나 시계를 그려넣지 않더라도 아름다운 꽃이나 먹음직스러운 과일 자체가 바니타스 정물이기도 하다. 왜냐하면 꽃은 언젠가 시들고, 과일은 언젠가 썩어 버리기 때문이다. 이처럼 전통의 서양화는 반드시 어떤 메시지를 담는 것이어야 했다.

이다. 가히 회화의 주권(主權, souveraineté) 회복이다.

마네에게 있어서 '웅변의 목조르기'는 그러니까 주제의 영역에서 이루어졌다기 보다는 형식적 수단의 문제에서 이루어졌다. 〈막시밀리앙의 처형〉에서 희생자들의 얼굴 윤곽을 지운 것은 고의로 표현의 규칙을 위반한 것이며, 행여 얼굴이 영혼의 거울이 될까봐 미리 방지책을 쓴것이다. 정념의 차원이 제거된 재현은 의미도 제거된다. 순수채색(aplats)을 강조하고, 중간의 색조를 생략하여 한 색깔에서 다른 색깔로 난폭하게 넘어가고, 거친 붓질로 디테일을 미완성인채 남겨두는 기법은 사물과 생명체들의 위계적 관계마저 지워버린다. 이런 의미에서 마네의 그림은 그것이 사람이건 사물이건 간에 모두 정물화라 할 수 있다.

17세기 바로크 미술의 한 거장을 소개하는 어떤 평자의 글에 다음과 같은 표현이 있다. "그리스 신화와 성서에서 가져온 소재를 그림으로 들려주는 그의 솜씨는 눈으로 듣는 이야기의 경지에 올라 있다". '눈으로 듣는 이야기', 바로 이 표현에 전통 서양 미술의 모든 것이 다 들어 있다. 회화를 회화로 생각하지 않고 어떤 스토리를 그림으로 표현하는 것, 다시 말해 언어의 시각화가 곧 회화라는 생각 말이다.

거기에 더 해, 감동으로 교훈과 즐거움을 주는 것이 회화의 임무로 여겨졌었다. 정념은 회화의 주제만이 아니라 그 목적성 자체였다. 그림은 관객의 영혼을 움직여야 하고, 감정이 생겨나게 해야 한다는 것이 사람들의 상식이었다. 그런데 벙어리처럼 아무것도 전달하지 않는 그림 앞에 섰을 때 관객들은 실망하고 분노했다. 바타이유가 보기에 이것이 마네의 스캔들의 진실이었다.

그린버그와 마네

마네가 그림을 곁들여 친필로 쓴 편지

chagrin de vous p[as]
vous chère mada[me]
Léon, et je ne
vous en tiens pa[s]
quitte — j'ai un
peu abîmé vot[re]
Henry mais
sur ne m'en voudre[z]
d'un ni l'aut[re]
fameux le
de j'ailleurs mar[ie]
la tête eulb
vaut plu[s]

모더니즘

미국의 미술 비평가 클레멘트 그린버그는 마네론을 따로 쓴 적이 없다. 다만 1948년에 쓴 '이젤 회화의 위기'라는 글에서 "마네로부터 시작된 모더니즘 회화의 진화(進化)는…"이라고 말함으로써, 그가 마네를 모더니즘 회화의 선구자라고 생각하고 있음을 짐작케 한다. 그린버그에 의하면 모더니즘이란, 한 분야가 자신이 나아가던 방향에서 선회하여 제 자신의 기반에 의문을 제기하는 방식이다. 이 같은 자기비판적 경향은 철학자 칸트로부터 시작되었기에 그는 칸트를 최초의 진정한 모더니스트라고 생각한다.

모더니즘의 자기비판은 계몽주의 비판에서 나왔지만 그 양상은 판이하다. 모더니즘의 본질은 어떤 분야 그 자체를 비판하기 위해 그 분야의 특징적인 방법들을 사용한다는데 있다. 계몽주의는 외부로부터의 비판인 반면 모더니즘은 내부로부터의 비판이다. 즉 비판되고 있는 것의 방법 자체를 통해서 그것을 비판하는 식이다. 소위 칸트의 내재적 비판이다. 미술도 자신의 존재방식인 재현의 방식을 가지고 재현을 비판할 때 그것은 모더니즘이 된다. 그러니까 마네는 단순히 모던 시대의 화가이기 때문에 모더니스트인 것이 아니라 모더니즘의 정의에 의해 모더니스트인 것이다. 그는 주제를 극복하기 위해 기존의 주제를 빌어다 썼으며, 재현의 형식을 비판하기 위해 우선 재현적인 그림을 그렸다.

문학에 종속된 미술

예술에서의 자기비판은 다른 예술의 매체로부터 빌어왔다고 여겨지는 모든 효과를 제거하는 것에서부터 시작된다. 예컨대 그림 안에 이야기가 들어 있다는 것은 회화 예술이 문학의 방법을 빌려 온 것이고, 그림이 3차원의 입체감을 띨 때 그것은 조각의 효과를 빌려 온 것이다. 그림에서 온갖 서사구조와 3차원적 입체감을 제거하면 거기에는 회화 본연의 순수한 예술만 남을 것이다. 다른 예술의 방법을 제거함으로써 각각의 예술은 '순수'하게 되며, 그 '순수성'으로 각 예술의 독자성뿐만 아니라 그 질적 수준도 보장받게 된다. '순수성'은 우선 자신의 정체성이 무엇이냐,라는 자기정의(定義)에서부터 출발해야 했기에, 예술들의 자기비판은 철저한 자기정의의 작업이 되었다.

미술의 자기 정의는 우선 문학으로부터의 독립에서 출발했다. 유럽에서 문학은 17세기까지 모든 예술 분야에서 주도적 위치를 차지하고 있었다. 역사상 모든 시대는 각기 하나의 지배적인 예술

형식을 갖고 있다는 것이 그린버그의 생각이다. 문학이 지배했던 17세기 중엽에 회화는 거의 모든 곳에서 궁정의 수중에 떨어져, 결국 하찮은 실내 장식화가 되어버렸다. 당시 사회에서 가장 창조적인 계급으로 부상한 상업 부르주아 계급은 그들의 창조력과 성취력을 문학에 쏟았고, 그들이 주도했던 도상파괴주의 열풍은 미술에 큰 타격을 가했다. 인쇄술의 발명으로 물리적 매체의 값, 다시 말해 책값이 저렴하게 되어 누구나 손쉽게 책을 살 수 있었던 것도 문학의 번성에 일조를 했을 것이다.

하나의 예술이 지배적인 예술로 등장하면 그 예술은 모든 다른 예술들의 원형이 된다. 즉 다른 예술들은 자체의 특성을 던져버리고 주도적인 예술의 효과를 모방하려 애쓴다. 반면에 지배적인 예술은 다시 다른 예술들의 기능을 흡수하려 한다. 예술들 사이에서는 혼란이 초래되고, 이렇게 되면 종속적인 예술들은 오용되고 왜곡된다. 종속적인 예술들은 지배적인 예술의 효과를 얻으려는 과정에서 자기 고유의 특성을 부정하지 않을 수 없기 때문이다. 종속적인 예술들이 이런 식으로 남용되고 오용될 수 있는 것은 역설적으로 그 예술들이 자체의 매체들의 조건을 숨길 수 있을 정도로 기교가 숙달되었기 때문이다.

미술이 평면성이라는 자기 매체의 특성을 숨기면서 3차원의 환영을 만들어낼 수 있었던 것은 미술의 재현적 기교가 그 재료를 무화시킬 수 있을만한 수준에 다다랐기 때문이다. 뛰어난 환영의 예술인 회화는 당시 이미 고도의 기교를 갖추었기 때문에 다른 예술들의 효과와 겨루고 싶은 유혹에 빠질만 했다. 그래서 회화는

마크 로스코(Mark Rothko, 1903-1970), 〈Orange and Yellow〉. 마네에서 시작된 모더니즘은 회화의 평면성을 강조하기 위해 회화공간의 깊이를 없애고 원근법을 무시하는 것이었다. 회화란 '시각적인 어떤 것을 만들어내기 위해 평면의 물질성 위에 선을 긋고 채색하는 것이다'라는 그들의 주장을 극단으로 밀고가면 로스코의 그림처럼 결국 화면에는 선과 색채밖에 남지 않는다. 20세기 추상미술의 근원이 바로 거기에 있다.

문학의 효과를 재생하려 애썼다. 17-18세기의 회화가 가장 치열하게 얻고자 노력했던 것은 문학의 효과였다. 문학은 여러 가지 이유로 우월한 위치를 차지하고 있었고, 조형예술, 특히 이젤 회화는 문학의 영역에 편입되고자 노력했다.

램브란트 등 몇 명의 천재적 화가를 제외하고 이 시기에 조형예술이 전반적으로 쇠퇴했던 것은 바로 이것 때문이었다고 그린버그는 말한다. 당시 재능이 부족한 화가나 조각가들의 손에서 미술 작품은 단지 문학의 허깨비이자 어릿광대일 뿐이었다. 모든 강조점은 매체로부터 벗어나 주제로 옮겨졌다. 사실적 모방도 관심 밖이었고, 오로지 문학적인 효과를 위해 주제를 해석하는 능력만이 중요하게 되었다. 이런식으로 사실주의적인, 즉 환영주의적인 미술은 매체를 숨기고 미술 자체를 은폐하기 위한 미술이 되었다.

평면성의 강조

미술의 환영주의적 방식은 19세기 중엽부터 도전을 받기 시작한다. 문학성이 아니라 미술 자체에 주의를 집중시키기 위해 작품을 만드는 화가들이 생겨난 것이다. 소위 모더니즘의 등장이다. 회화란 '사람들의 눈에 보이는 어떤 것'을 만들어내기 위해 평면의 물질성 위에 선을 긋고 채색하여 그림을 그리는 것이다, 라는 것을 그들은 공공연하게 드러냈다.

회화예술이 스스로를 비판하고 정의내리는 과정에서 가장 근본적이었던 것은 그림 표면의 불가피한 평면성에 대한 강조였다. 회화공간의 닫힌 형태는 회화예술과 무대예술이 공유하는 부분이었다. 평면성 하나만이 회화예술의 독특하고 배타적인 조건이었다. 평면성, 즉 2차원성은 회화예술이 다른 어떤 예술과도 공유하지 않는 유일한 조건이었으므로 모더니즘 회화는 평면성의 강조를 최대한의 이슈로 내세웠다.

회화의 매체를 구성하는 여러 한계들, 예컨대 평평한 표면, 그림 바탕의 형태, 안료의 속성들을 과거의 거장들은 오직 간접적으로밖에는 인정하지 않았다. 그들에게 그 물질성들은 최대한 감춰야 하는 부정적인 요소였다. 전통적 화가들은 3차원 공간의 환영 아래 평면성이 지속적으로 존재한다는 것을 암묵적으로만 인정 했다. 물론 평면 공간 위의 3차원 공간이라는 것은 명백한 모순이었다.

모더니스트들은 이 모순을 회피하지도 해결하지도 않았다. 이 한계를 공공연하게 인정하고, 그것들을 최대한 긍정적인 요소들로 간주했다. 그들은 오히려 이 모순의 항들을 뒤집어버렸다. 3차원의 공간 밑에 평평한 표면이 있는 것이 아니라 우선 평평한 표면이 있고, 그 위에 3차원의 환영이 환영적으로 있다는 것을 보여준 것이다.

옛 거장의 작품에서 우리는 화폭의 물질성 보다 거기에 그려져 있는 장면의 내용을 먼저 보았지만, 모더니즘 회화에서는 무엇이 그려져 있는가를 알기 전에 우선 화폭의 물질성을 먼저 본다. 그린버그가 마네의 그림을 최초의 모더니즘 회화로 간주하는 이유가 그것이다. 그는, 그림이 그려진 바탕의 평평한 표면을 솔직하게 선언한 첫 번째 화가였던 것이다.

일본그림의 영향

히로시게의 〈카메이도의 매실 과수원〉의 나무 구도를 차용해 그린 반고흐의 〈씨뿌리는 사람〉.

자포니즘

일본의 채색 목판화 우키요에(浮世繪)가 유럽에 알려진 것은 1855
년부터 파리에서 11년마다 한번씩 열렸던 만국박람회 덕분이었
다. 박람회에 출품할 도자기를 배로 운송하면서 완충재로 넣은 것
이 일본에서는 흔해빠진 판화 그림 종이였다. 이국적이고 화려한
채색 판화를 보고 단숨에 매료된 미술 수집가 펠릭스 브라크몽
(Félix Braquemond)이 1856년에 처음으로 그림을 구하여 마네, 드가,
휘슬러 등의 화가들에게 보여주었다. 이것이 19세기말에서 20세
기 초까지 이어진 일본 문화 열풍의 시작이었다.

우키요에의 영향을 받은 화가는 마네, 드가, 모네, 르누아르, 피
사로, 반 고흐, 고갱, 클림트, 마티스 등 셀 수 없이 많다. 인상파,
후기 인상파를 거쳐 야수파, 표현주의 화가들에 이르기까지 일본
의 목판화인 우키요에는 새로운 영감의 원천이었다. 곰브리치(Ernst
Gombrich, 1909~2001)는 〈서양미술사〉(History of Art, 1950)에서 "19세기 사

일본 미술만 집중적으로 소개하던 19세기의 잡지 '일본예술'. 당시에 이런 전문 잡지만도 서너권이나 된다.

람들로 하여금 다른 눈으로 세계를 보도록 도와주었던 두 동맹자가 없었다면 인상주의의 승리는 그토록 빠르고 철저하게 이루어지지 않았을 것이다"라고 말하면서 그 하나는 사진술이고, 다른 하나는 일본의 채색 판화라고 분명히 밝혔다. 유럽의 예술 문화계를 휩쓸었던 당시의 일본 열풍을 자포니즘(japonisme)이라고 한다.

'자포니즘'이라는 명칭은 미술 수집가 필립 뷔르티(Philippe Burty)가 1872년 예술 잡지 '문학 예술 르네상스'지의 기고문에서 처음으로 붙인 말이다. 일본 예술은 회화에만 영향을 끼친 것이 아니

(왼쪽) 자포니즘을 다룬 책 〈펠릭스 브라크 몽과 장식미술, 자포니즘에서 아르 누보에 이르기까지〉(Félix Bracquemond et les arts décoratifs, Du Japonisme à l'Art nouveau)의 표지 사진. 저자는 장-폴 부이용(Jean-Paul Bouillon), 2005년 Edition de la Réunion des Musées nationaux. (오른쪽) 일본풍이 물씬 느껴지는 20세기초 아르누보풍의 포스터.

라 유약을 바른 도기, 녹슨 메탈 제품 등 공예품에도 큰 영향을 미쳤다. 일본 정원과 일본식 인테리어 디자인도 대대적으로 유행했다. 티소(James Tissot, 1836~1878)의 〈일본 물건을 구경하고 있는 아가씨들〉(Young Ladies looking at Japanese Objects, 1869)을 보면 당시 유럽에 일본 물건을 전문적으로 취급하는 상점이 있었음을 알 수 있다. 일본 미술만 집중적으로 소개하는 잡지도 창간되었다. 20세기 초의 아르 누보는 상당 부분 일본 풍이었다.

음악과 문학에서도 일본의 영향은 강렬했다. 소설가 공쿠르 형제는 1896년에 유명한 우키요에 화가 가츠시카 호쿠사이(葛飾北齊, 1760~1849)에 대한 책을 출간했다. 음악가 드뷔시(Achille Claude Debussy, 1862~1918)의 소나타 '바다'(La Mer)와 시인 릴케(Rainer Maria Rilke, 1875-

오페라 '나비부인' 의 한 장면. 〈나비부인〉
은 1904년 밀라노에서 초연되었다.

1926)의 시(詩) 〈산(山)〉(Der Berg)은 각기 호쿠사이의 〈후지산 36경(富嶽
三十六景)에서 영감을 얻어 작곡되거나 쓰여진 것이다. 소위 로스트
제너레이션(잃어버린 세대) 세대인 미국 시인 에즈라 파운드(Ezra Pound,
1885-1972)의 극도로 절제되고 압축된 시들도 일본의 단가(短歌) 하이
쿠(俳句)에서 영감을 얻은 것이다. 이국적인 여행 소설가인 피에르
로티(Pierre Loti, 1850-1923)는 직접 일본에 다녀온 후 소설 〈국화 부인〉
(Mme de Chrysanthème,1887)을 썼다. 이 소설은 나중에 존 롱(John Luther
Long)이 쓴 단편 〈나비 부인〉(Mme Butterfly, 1898)과 함께 푸치니(Giacomo
Puccini, 1858-1924)의 오페라 '나비부인'의 원작이 된다. 푸치니의 '나
비부인'은 1904년 밀라노 스칼라 좌에서 초연되었다.

브라크몽이 우키요에를 처음으로 발견한지 22년만인 1878년

만국 박람회에서 드디어 일본 미술이 정식으로 소개되었다. 1889년과 1900년의 파리 박람회에서는 일본의 건축과 목판화, 도자기가 대량으로 전시돼 자포니즘의 절정을 이루었고, 루브르 박물관도 1892년에 일본 미술을 정식 소장품으로 채택했다. 우키요에가 이처럼 이역만리 유럽에 널리 퍼지면서 최고의 미학적 찬사를 받을 수 있었던 것은 아이러니칼하게도 그것이 대량 생산의 값싼 그림이었기 때문이다. 작품 수가 엄청나게 많은 것은 판화라는 매체의 특성 때문이기도 하지만 워낙 우키요에의 작가가 많고 작품도 다양하게 많았다. 호쿠사이만 해도 평생의 작품수가 3만점이 넘는다. 에도 시대의 일본 그림은 미국의 보스돈 미술관에만 6만점이 있고, 현재 암스테르담 반 고흐 미술관에 있는 고흐의 수집품만 해도 477점이나 된다.

우키요에(浮世繪)

    우키요(浮世)라는 말 자체는 '떠다니는 세상'(floating world)이라는 의미이다. 똑같은 발음의 다른 말인 '우키요'(憂き世)는 생노병사가 전개되는, 꺼리고 멀리해야 할 근심스럽고 걱정스러운 세상이라는 뜻이다. 다시 말하면 속세다. 거기에 그림 회(繪)자가 붙었으니 우키요에(浮世繪)는 현세의 이모저모를 그려낸 그림이 될 것이다.

    우키요에는 도쿠가와 이에야스(德川家康)의 막부 시대에서부터 명치 유신 이전까지의 에도(江戶)시대(1600-1867)에 풍미했던 일본의 민중 미술이다. 육필화도 있고 목판화도 있는데, 목판화의 경우 화가, 조각가, 판화가가 공동작업을 했다. 인쇄에 따라 색채가 달라졌으므로 출판사의 이름도 그림을 설명하는 항목 속에 중요한 요소로 기재된다.

    선과 색채가 단순하고 화려하여 미술에 대한 지식이 없는 대중들도 좋아했고, 값이 비싸지 않아 서민들이 쉽게 구입할 수 있었으므로 일반 서민층에 널리 보급되었다. 서양 미술처럼 액자에 넣어서 멀리 감상하는 형태가 아니라 손에 들고 살펴보며 즐기는 형태였다. 분명한 그림체와 대담한 구도, 그림자가 없는 것 등이 표현상의 특징이다. 풍속화로 출발했다가 점점 배우나 기녀등의 인물묘사로 흐르면서 당시 유행하던 연극 가부키(歌舞伎)의 발전을 도왔다.

소재는 무궁무진하여 서민들의 일상생활, 기녀(妓女), 가부키 배우, 풍경, 정물, 동물화, 역사적 사건, 춘화 등 한 마디로 당대의 생활상이 모두 포함되어 있다. 옛 도쿄인 에도의 100곳의 경치, 도카이도(東海道)의 명소 53곳, 후지산이 바라다 보이는 36곳의 경치 등 당대의 경치는 물론, 사람들이 즐기고 놀거나 각 분야에서 노동하는 모습들을 손에 잡힐 듯 자세하게 그려 놓았다. 하기는 일본 화가들이 자기 시대를 그리는 전통은 12세기까지 거슬러 올라간다. 1120년 경의 소설 겐지 모노가다리(源氏物語)의 삽화인 두루마리 그림이 당대 상류사회의 생활상을 그대로 전해 주고 있으니 말이다.

일본에서 우키요에가 유행하던 같은 시기에 조선시대의 선비나 화가들은 자연을 그렸다 하면 중국의 산하를 그렸고, 풍속을 그렸다 하면 중국의 풍속을 그렸다. 자기가 살고 있는 시대의 자기 주변의 경치나 사람들을 그린 것이 아니라 오로지 중국의 경치, 중국의 풍속을 모사하기에 바빴다. 영조 때 김득신(金得臣, 1754-1822)은 당나라 곽분양의 이야기를 소재로 곽분양행락도(郭汾陽行樂圖)를 그렸고, 역시 영조 시대 남종화의 대가인 현재(玄齋) 심사정(沈師正, 1707-1769)

우타가와 히로시게(歌川廣重), 명소에도백경 (名所江戸百景) 중 니혼바시(日本橋) 거리 풍경 (日本橋通一丁目略圖). 1858년의 모습인데, 소 바집 출입구에 드리운 천 노렌(暖簾)과 입간 판으로 쓰이는 지등(紙燈)의 모습이 지금과 똑같다. 커다란 종이 우산을 든 연희패가 지나가고, 배꼽을 드러낸채 도시락 쟁반을 어깨에 메고 가는 배달꾼의 모습도 익살스 럽다. 소바집, 포목상등 각종 상점과 노점 상이 가득 들어차 번화한 거리 모습은 상 업이 번성했던 에도(지금의 도쿄) 거리의 모습을 손에 잡힐 듯 그려 놓았다. 그 당시 서울 종로통의 모습은 어땠을까?

은 중국 쓰촨(四川)성 촉잔 길의 풍경을 파노라마처럼 그린 촉잔도 (蜀棧圖)를 남겼다. 20세기가 다 되어가는 19세기 말까지도 오원(吾 園) 장승업(張承業, 1843-1897)은 중국 옷의 신선 3인이 중국 풍의 기암 절벽 아래에서 서로 나이를 묻는 삼인문년(三人問年)을 그렸다.

　물론 서울 주변의 풍경을 그린 겸재(謙齋) 정선(鄭敾, 1676-1759)의 경교명승첩(京郊名勝帖)이 있고, 당대 사람들의 모습을 그린 김홍도(金弘道, 1745-1810)나 신윤복(申潤福, 1758-)의 풍속화들이 있기는 하다. 그러나 우선 그림의 크기가 너무 작고, 숫적으로도 빈약하며, 색채가 단조롭다. 경교 명승첩의 경우 대부분 20×30cm를 넘지 않고 상하권 합쳐 33점에 불과하다. 우타가와 히로시게(歌川廣重, 1797-1858) 한 사람의 경우 〈명소 에도 백경(名所江戶百景)〉(1856)만 해도 118점, 〈도카이도 53차〉(東海道五十三次, 1834) 시리즈는 53점이다.

소재의 면에서도, 우키요에는 이미 근대 도시의 면모를 갖춘 도쿄의 상가 거리를 재현하고 있다. 이 장르 자체가 에도시대 서민층의 경제력 향상과 상업 및 도시의 발달을 그 배경으로 하고 있기 때문이다. 그러나 우리에게는 그런 풍속화가 없다. 19세기 후반기 우리의 종로 통에도 왜 상점 거리가 없었겠는가? 우리에게 역사적 기억이 없는 것은 그것들을 시각적으로 보여주는 표상이 없기 때문이다. 그리고 보면 미술은 단순히 미학의 차원만이 아니라 한 민족의 역사의식과도 밀접한 관련이 있음을 알 수 있다.

호쿠사이의 파도 그림

    드뷔시와 릴케에게 강렬한 인상을 준 호쿠사이의 〈가나가와의 큰 물결(神奈川沖浪裏)〉은 가나가와(神奈川) 바닷가에서 파도 뒤로 보이는 후지산을 그린 그림이다. 61×91cm의 크기로, 뉴욕의 메트로폴리탄 미술관, 런던의 대영 박물관 그리고 지베르니의 모네 박물관이 각각 1점씩 소장하고 있다. 일본을 상징하는 아이콘이 된 이 그림은 다카라주조의 Japan이라는 소주병의 라벨로도 사용되고 있다.

    화면구성을 압도하는 커다란 파도가 관람자의 머리 위로 당장 내려꽂힐듯 힘차게 넘쳐 오른다. 짙푸른 물결이 솟구치면서 이루는 새하얀 포말은 무수한 물결의 갈고리 같기도 하고 손가락 같기도 하다. 프랑스 설치 미술가 베르나르 프라(Bernard Pras, 1952-)는 폐기물 잡동사니를 가지고 이 그림을 형상화(2008년 작품 〈파도〉)했는데, 그는 파도를 푸른 색 고무 호스로, 포말은 하얀 석고 손가락들로 대체했다.

    파도 속에 당장이라도 침몰할 것만 같은 세 척의 배는 아마도

가츠시카 호쿠사이(葛飾北齋), 〈가나가와의 큰 물결(神奈川沖浪裏)〉, 드뷔시와 릴케에게 강렬한 인상과 영감을 주었다. 완전히 일본을 대표하는 아이콘이어서, 소주 병, 노트북 컴퓨터 등 어디서나 이 그림을 볼 수 있다.

남쪽 섬에서 에도(江戶, 지금의 도쿄)로 생선을 실어 나르는 거룻배인듯 하다. 뱃전을 붙잡고 납작 엎드린 사람들의 모습에서 만화적인 상상력이 느껴진다. 격렬한 파도 뒤로 멀리 하얀 눈을 뒤집어 쓴, 피라미드 모양의 후지산이 보인다. 분출하며 요동치는 파도와 부동의 자세로 고요히 있는 산의 대비가 숨막히는 콘트라스트를 이룬다. 파도가 찰나적인 움직임이라면 산은 영원한 부동성이다.

이 힘차고 역동적인 그림을 호쿠사이는 70대에 그렸다. 물결 묘

베르나르 프라(Bernard Pras, 1952–), 〈파도〉, 2008, 파도를 고무 호스로, 포말은 하얀 석고 손가락들로 대체한 설치작품.

사를 위해 몇년간이나 바닷가에 나가 파도를 관찰했다고 한다. 평균 수명이 짧았던 그 옛날에 89세까지 살았던 그는 스스로를 '가교진(畵狂人. 그림에 미친 사람)'이라고 부르며 평생을 미친듯이 그림에 몰두했다. 70세 이전의 그림은 가치가 없고, 80세에 발전을 이루며, 90세에 비로소 예술의 비밀을 터득하고, 100세에 예술이 숭고해지며, 110세에 이르면 선(線)과 점(點)에 삶이 스며들 것이라는 유명한 말을 남기기도 했다.

우키요에와 인상주의 화가들

　호쿠사이, 우타가와 히로시게(歌川廣重, 1797-1858), 기타가와 우타마로(喜多川歌麿, 1753-1806), 그리고 1794년 에도(江戶) 극장가에서 10개월 남짓 140여점의 작품을 남기고 홀연히 사라진 도슈사이 샤라쿠(東洲齊寫樂) 등이 인상파에 끼친 영향은 절대적이다.

　에두아르 드가(Edouard Degas, 1834-1917)는 발레리나, 다림질하는 여인, 머리 손질하는 여인, 카페의 테라스에서 술을 마시는 여인 등 단순한 행동에서 가장 복잡한 행동에 이르기까지 인간의 모든 일상적 몸놀림과 움직임을 그렸는데, 그는 특히 호쿠사이의 망가(漫畵) 팬이었다. 호쿠사이는 서민들의 일상생활, 마쓰리(축제) 등을 담은 드로잉 모음집에 '망가'(만화)라는 제목을 붙였다. 스케치가 생생하고 놀랍도록 사실적인 호쿠사이의 망가에서 오늘날 전 세계를 제패하는 일본 만화의 원형을 볼 수 있다.

　몸이 매우 약한 장애자였음에도 몽마르트르의 카바레나 카페-

콩세르(뮤직 카페)의 고객들, 창녀들, 예술가들의 삶을 꼼꼼히 관찰하여 아름다운 그림으로 남겼던 툴루즈-로트렉(Toulouse-Lautrec, 1864-1901)도 동시대 화가들과 마찬가지로 우키요에의 열광적인 숭배자였다. 소재 자체도 그렇지만 인물들의 독특한 움직임 묘사에서 일본 목판화의 영향이 강하게 드러난다. 붉은 색의 원으로 표시하는 그의 서명은 우키요에에 찍힌 일본 도장을 그대로 모방한 것이다.

인상파 화가중에서 한국인들이 제일 좋아하는 클로드 모네

로트렉 〈카바레에 있는 아리스티드 브뤼앙〉, 포스터, 1893. 왼쪽 구석의 동그란 빨간 서명은 동양화의 낙관을 모방한 것이다.

(Claude Monet, 1840-1926)는 가장 일본을 좋아했던 화가 중의 하나이다. 그러고보면 한국인들은 모네라는 매개자를 통해 일본의 감수성에 매료되어 있는 셈이다. 지베르니에 있는, 지금은 박물관이 된 그의 저택에는 그가 정성들여 가꿔 놓은 일본식 정원이 남아 있다.

수련(睡蓮)을 즐겨 그렸던 모네는 빨간 색의 일본 풍 다리와 계절마다 달라지는 수련의 색채에 매혹되었다. 그는 이 색채를 〈명소에도 백경(名所江戸百景)〉의 작가인 히로시게의 그림에서 발견했다. 지베르니의 모네 박물관에는 그가 수집했던 250점의 우키요에 콜렉션이 전시되어 있다. 일본의 매력을 주체하지 못했던 그는 자기 부인에게 빨간 기모노를 입혀 초상화를 그리기까지 했다. 〈일본

모네, 수련(睡蓮) 1906. 파리의 오랑주리 미술관에있는 모네 말년의 대작이다. 타원형의 두 방에 수련 그림이 각각 4점씩 벽을 뒤덮고 있다. 그림 한 점의 크기는 세로 2m, 가로 6m에서 17m까지, 여덟 작품의 가로 폭을 합하면 길이가 90m나 된다. 미국의 미술비평가인 그린버그가 '한 세계의 다양함과 광활함과 평온함을 지닌 미술'이라고 격찬했던 그림이다.

의상을 입은 카미유〉[1876]가 그것이다.

일본인 특유의 장인 정신도 인상파 화가들에게 강한 자극을 주었다. 인상파 화가들은 호쿠사이 처럼 야외에 나가, 같은 풍경이 하루 중 햇빛에 따라 어떻게 변화하는지를 세밀하게 관찰했고, 그 인상을 화폭에 옮겼다. 1890년대에 모네는 동일한 소재에 대한 빛의 효과가 하루 중의 다른 시간, 다른 날씨에 어떻게 변하는지를 세밀하게 그림으로 기록했다. 특히 세잔[Paul Cézanne, 1839-1906]은, 호쿠사이가 몇년간 바닷가에서 파도를 관찰하며 후지산을 여러 각도로 그렸듯이, 엑상프로방스 인근의 생트 빅투아르 산을 집요하게 관찰하며 여러 각도에서 그렸다.

모네, 〈일본 의상을 입은 카미유〉(1876),
일본 미술에 심취했던 모네는 자기 부인
카미유에게 기모노를 입혀 초상화를 그리
기까지 했다.

　　모네, 피사로, 세잔 등 인상주의자들의 육체노동자와도 같은 생
활방식과 작업 습관은 이렇게 형성된 것이다. 광적인 끈기와 규칙
성으로 야외 작업을 했던 그들은 농부보다 더 많이 날씨에 좌우되
었다. 근본적으로 문약한 백면서생(白面書生)이었던 그들은 지속적
인 야외 작업으로 중년에 이르자 농부처럼 그을리고 촌스러워졌
다고 한다.
　　우키요에가 인상주의에 영향을 준 것은 무엇보다도 평면성의

측면에서이다. 르네상스 이후 서양회화의 전통은 원근법과 빛의
효과를 통한 3차원성이었다. 이 어둡고 중후한 회화가 인상주의를
통과하면서 평평한 색채의 무게 없고 납작한 형태들이 되었다. 그
리고 20세기초에 이르러 서양 미술은 중세 이후 한 번도 경험하지
못했던 평면 회화로 곧장 이동했다. 르네상스 이전의 원시주의 회
화도 물론 평면적이다. 그러나 인상주의 화가들은 우키요에에서
새삼 평면성을 발견한 것이다.

우키요에와 반 고흐

파리와 프로방스에서 마지막 4년간을 보내고 37세에 자살한 빈센트 반 고흐(Vincent Van Gogh, 1853-1890)는 인상파 화가 중에서도 가장 열렬한 일본 애호가였다. 살아 있는 동안 그림을 한 점 밖에 팔지 못한 가난한 화가였지만 그는 우키요에를 477점이나 수집했다. 이 그림들은 현재 암스테르담의 반 고흐 박물관에 소장되어 있다. 특히 〈명소 에도 백경〉을 그린 히로시게는 반 고흐의 숭배의 대상이었다.

그는 1886년 동생 테오에게 보낸 편지에서 "나는 모든 일본 미술품에서 보는 것처럼 순수하고 극단적인 명료함을 원한다. 그것은 결코 단조롭거나 경박하지 않다. 마치 옷의 단추를 끼우는 것처럼 단순하고 손쉽게 몇 개의 분명한 선으로 형상을 만든다"고 경탄했다. 인물의 배경이 온통 우키요에로 뒤덮여 있는 〈탕기 아저씨 초상〉(Père Tanguy, 1887)은 그가 얼마나 우키요에에 심취해 있었는지를 잘 보여준다.

반고흐, 〈탕기 아저씨 초상〉(Père Tanguy, 1887). 이 초상화는 우키요에의 배경이 없는 버전도 있는데 우키요에가 들어간 그림이 훨씬 화려하고 아름답다. 우키요에의 이런 화려함이 반고흐로 하여금 일본미술에 심취하게 만든 요인일 것이다.

그는 히로시게의 그림 두 점을 직접 모사하기도 했다. 〈꽃피는 자두나무〉(Flowering Plum Tree, 1887)는 원경의 작은 인물들을 지워버리고 한자가 쓰여진 가느다란 세로선을 그림의 좌우 양쪽에 덧붙인 것만 다를 뿐 히로시게의 〈카메이도의 매실 과수원(龜戶梅室舖)〉을 그대로 옮겨 그린 것이다. 〈빗 속의 다리〉(Pont sous la pluie, 1887)는 역시 히로시게의 〈아타케 다리에 내리는 소나기(大はしあたけの 夕立)〉에

(왼쪽) 〈꽃피는 자두나무〉
(Flowering Plum Tree,
1887), 오른쪽 히로시게의
그림에 한자 테두리를 더
해 고흐가 그린 그림.
(오른쪽) 히로시게의 〈카메
이도의 매실 과수원(亀戸梅
屋舗)〉

한자 띠를 액자처럼 둘러 그대로 그린 것이다. 똑같이 그렸는데도
반 고흐가 다시 그린 그림이 훨씬 정겹고 아름답다. 아마도 '매개
(媒介)'의 힘인듯 하다. 뭐든지 다른 것을 한 번 통과해 다시 나오면
훨씬 강하고 아름다워지는 그 '매개'의 힘. 기모노 입은 일본 여인
의 초상인 〈오이란〉(Oïran, 1887)은 케사이 에이센의 그림을 모사한
것이다.

　똑같이 모사하지 않더라도 우키요에의 냄새를 강하게 풍기는
그림들도 많다. 〈씨 뿌리는 사람〉(The Sower, 1888)은 〈카메이도의 매
실 과수원〉에서 굵은 매화 나무 줄기의 방향만 오른쪽에서 왼쪽으

(왼쪽) 〈빗 속의 다리〉
(Pont sous la pluie,
1887), 오른쪽 히로시게의
그림에 4각 테두리를 둘러
고흐가 다시 그린 그림.
(오른쪽) 히로시게의 〈아타
케 다리에 내리는 소나기
(大はしあたけの 夕立)〉

로 하여 전경에 배치했다. 그의 유명한 붓꽃 그림은 히로시게보다
백40년 앞선 오가타 코린(尾形光琳, 1658-1716)의 화려한 제비붓꽃 병
풍(燕子花圖)을 떠올리게 한다. 수채화 〈생트-마리 해변의 배들〉(Boats
on the Beach of Sainte-Marie, 1888)은 배에 새겨진 알파벳 글자만 없었으면
그냥 우키요에라고 해도 좋겠다. 잉크를 풀은듯 짙푸른 바다, 밝
은 황토색의 모래톱, 빨간색과 초록색, 그리고 청색의 보트 네 척
이 소박하게 그려져 있는, 명료한 선과 순수한 색채가 우키요에와
아주 흡사하기 때문이다. 아를르의 밤 거리를 그린 고흐의 〈포름
광장의 카페 테라스〉(Le Café terrace sur la place du Forum, 1888)는 히로시게

의 〈에도 백경〉중 불 밝혀진 밤거리와 하늘의 짙은 푸른색 세모꼴
이 한 중간의 소실점에서 만나는 〈사루와카 거리의 밤풍경(猿わか町
よるの景)〉과 그대로 오버랩 된다.

물론 반 고흐는 나중에 소용돌이치듯 빙글빙글 도는 붓 터치로
자기만의 독특한 그림을 창조해냈지만 "내 모든 작품은 일본화의
기초 위에서 만들어졌다"고 고백했듯이 그의 독창적 예술의 출발
점은 우키요에였다.

우키요에의 무엇이
인상주의 화가들을 매혹시켰는가?

　인상파 회화에만 익숙한 한국인들은 서양 회화가 전통적으로 밝고 화사한 것인줄 알고 있지만 인상파 이전의 서양 회화는 어둡기 짝이 없다. 소위 졸라가 말한, 타르 같은 암갈색의 그림들이다. 칠흑처럼 어두운 고야의 그림들은 더 말할 것도 없고, 벨라스케스의 〈시녀들〉을 보아도 이것이 채색화인가 싶을 정도로 검정색과 회색이 주조를 이루고 있다. 루벤스의 〈이사벨라 브란트와 함께 한 자화상〉(1609)을 보면 캄캄한 배경 앞에 부인 이사벨라의 넓은 드레스 자락이 채색이라고 해봤자 고작 어두운 자주색이다. 전통 서양화에서 밝은 원색의 빨강, 노랑 같은 색깔은 상상할 수 조차 없다.

　유럽의 화가들에게 자연의 금빛 환희를 발견하게 해준 것이 우키요에였다. 히로시게의 그림에서 강물은 코발트를 풀어 놓은듯 투명한 푸른색이고 물 위의 정자는 순수한 빨간색이다. 전통 서양

루벤스, 〈이사벨라 브란트와 함께 한 자화상〉, 인상
파 이전의 서양 회화는 어둡기 짝이 없다. 졸라가
'타르를 칠한 것 같다'고 말한 암갈색 그림들이다.
이 그림도 어두운 배경 앞에 고작 색채라고는 부인
이사벨라의 자주색 드레스가 있지만 그것도 아주
어두운 자주색이다.

화 속의 어두컴컴한 세계와는 달리 실제 세상은 달콤하고 화사한
색채로 되어 있다는 것을 새삼 발견한 인상파 화가들은 야외에 나
가 빛의 움직임에 따라 변하는 사물의 느낌과 색깔을 관찰하기 시
작했다.

고흐가 똑같은 사람을 그린 〈탕기 아저씨〉의 두 버전을 보면 색
채의 사용이 우리의 감각을 얼마나 즐겁게 해주는지 알 수 있다.

1886년 판은 갈색의 모노톤으로 그려진 평범한 초상화인데 비해 화사한 우키요에 그림이 배경을 차지하고 있는 1887년 판은 그저 단순히 수염난 중년의 서양 남자 초상인데도 그렇게 화사하고 아름다울 수가 없다.

화려한 색채와 함께 그림의 평면성이 인상파 화가들의 경탄을 자아냈다. 서양 화가들은 15세기부터 광학을 이용한 투영법으로 사진처럼 정확한 묘사를 할 수 있었다. 얀 베르메르를 비롯한 많은 화가들이 광학장치인 카메라 옵스쿠라를 사용했다. 이처럼 정확한 묘사를 위해 온갖 광학 이론과 빛의 효과에 강박적으로 매달려 왔던 서양 회화의 전통에서 단순 명료한 선 몇 개로 인체의 움직임을 소박하게 표현하는 우키요에의 순진한 단순성은 놀라움 그 자체였다.

부르주아 사회의 물질적 풍요로움과 함께 문명의 절정에 이르렀다는 자부심에 도취되어 있던 서구의 젊은 화가들은 일본 그림의 명료하고 섬세한 예술에 놀라고 매료되었다. 그들은 겸손하게 동양의 미술을 배웠고, 새로운 그림의 문법을 찾아냈으며, 결국 빛과 대기의 회화를 창조했다. 그것이 인상주의였다.

그 인상주의에 앞서서 인상주의를 가능하게 했던 토대가 마네의 회화였다. 그는 기존의 아카데미 질서에 반하여, 평면적인 구도와 순도 높은 채색으로 새로운 개념을 제시했는데, 그의 새로운 실험은 그대로 우키요에의 방법과 일치한다. 그의 실험은 인상주의를 거쳐 20세기의 평면회화로 이어졌다.

마네와 우키요에

금빛 일본 병풍과 사무라이 그림의 우키요에를 인물의 배경에 배치한 〈에밀 졸라의 초상〉(Portrait d'Emil Zola, 1868)을 보면 마네가 일본미술의 영향을 얼마나 강하게 받았는지 짐작할 수 있다. 〈뱃놀이〉, 또는 〈아르장퇴이유〉의 코발트 빛 강물은 히로시게의 그림들을 강하게 연상시킨다. 강물을 주제로 삼았다는 것 자체가 우키요에의 영향이다. 〈명소 에도 백경〉에는 거의 빠짐없이 파란 강물 혹은 바닷물이 나온다.

푸코가 꼼꼼하게 발견해 냈듯이 그림에서 깊이를 없애고, 외적 조명을 사용하고, 순수한 색채를 칠함으로써 회화의 평면성을 획득한 마네의 모더니즘은 단순 소박한 우키요에의 방법과 그대로 일치한다.

그중에서 특히 우리의 관심을 끄는 것은 근경을 크게 그리고 원경을 작게 그리는 히로시게의 다이나믹한 구도가 마네에게 끼친

▶ 〈에밀 졸라의 초상〉
(Portrait d'Emil Zola, 1868), 마네, 자연주의 작가 에밀 졸라의 초상화 배경 벽에 일본 병풍과 우키요에 등이 걸려 있다. 마네에 대한 일본 미술의 영향을 잘 보여주는 그림이다.

(왼쪽) 〈하네다의 나룻배〉, 1858, 나룻배에 앉아 멀리 보이는 신사(神社)의 풍경을 담았다. 원근법적인 서양 회화라면 배의 난간이나 사공의 팔과 다리를 없애고 먼 풍경만을 그렸을 것이다. 그러나 우키요에는 그림의 주제가 무엇이건 간에, 화가의 눈앞에 보이는 모습을 그대로 화폭에 담아 그린다. 이것이 엄격하게 이젤 앞의 장애물을 제거하고 그림을 그리는 서양화가들에게 충격으로 받아들여 졌다.

(오른쪽) 〈스루가 전망대에서 바라본 수도교〉, 1857, 전망대에서 멀리 바라보이는 다리를 그렸다. 그런데 장대에 매달린 '고이노보리' 명절의 종이 잉어가 화가의 눈 앞을 가로막고 있지 않은가. 화가는 눈에 보이는대로 그냥 종이 잉어를 전경에 크게 그려 넣는다.

영향이다. 예컨대 〈하네다의 나룻배와 변천사(はねだのわたし弁天の社)〉는 나룻배에서 하네다의 바다와 신사(神社)를 그린 풍경인데 노젓는 사공의 팔과 다리가 크게 전경(前景)을 차지하고 있다. 〈스루가 전망대에서 바라본 수도교(水道橋駿河臺)〉도 수도 다리와 원경의 후지산은 배경으로 작게 처리되고 고이노보리 명절의 종이 잉어가 마치 그림의 주제인 양 전경을 가득 메우고 있다. 히로시게의 그림 거의 전부가 이런 기법이다.

강과 산의 풍경을 그리면서 화가의 바로 옆에 있는 벚꽃나무를 마치 그림을 가리는 휘장인 양, 화면의 오른쪽과 위쪽에 크게 배

(왼쪽) 〈아사쿠사의 금용사(淺草金龍山)〉, 1856, 지금도 똑같은 모습으로 남아있는 아사쿠사의 절 풍경을 그렸다. 하얀 눈 속에 잠긴 빨간 색의 탑과 건물 벽이 아름답다. 여기서도 지등(紙燈)을 전경에 크게 그려 넣었다.

(오른쪽) 〈요쓰야 거리의 여관(四ツ谷內藤新宿)〉, 1857. 지금의 신주쿠(新宿) 거리에 있던 에도 시대의 여관 거리를 그렸다. 그러나 정작 여관 보다는 거리를 지나가는 말들의 다리를 그림의 오른 쪽 절반을 차지할 정도로 과감하게 그려 넣었다. 온갖 미술적인 시도와 일러스트레이션이 발달한 오늘 날의 시각에서는 평범할지 모르지만 엄격한 원근법적 규칙의 지배를 받고 있던 19세기 서양의 화가들에게는 충격이 아닐 수 없었다.

치한다든가, 아사쿠사(淺草)의 절을 그리면서 화가의 바로 앞에 걸린 둥근 종이등을 화면 위쪽에 크게 그린다든가, 요쓰야(四ツ谷) 거리의 여관을 그리면서 여관 앞을 지나고 있는 말들의 다리와 발굽을 크게 강조해 그리는 식이다.

　마치 서투른 사진사가 렌즈를 가리는 물체가 있는줄도 모르고 셔터를 눌렀을 때 나오는 그런 효과이다. 관광여행지에서 배를 타고 찍은 강물 사진 한 귀퉁이에 노젓는 뱃사공의 팔뚝이 크게 찍혀있는 그런 사진과도 같다. 원근법과 조명의 방식으로 대상을 객관적이고 과학적으로 접근했던 유럽 화가들에게 이런 기법은 엄

영화 〈영국식 정원 살인사건〉의 스틸 사진. 대저택의 건물과 경치를 12장 그리기로 계약을 맺은 떠돌이 화가는 그림의 대상 앞에 일체의 장애물을 제거해 줄것을 계약조건으로 내건다. 그림의 대상을 통제하는 것, 이것이 바로 서양 회화의 전통이었다. 그러나 그려진 그림 속에는 건물 앞에 내걸린 이불 호청이 그대로 들어 있다. 이것은 벌써 서양 회화사에 나타나기 시작한 원근법적 질서의 와해를 뜻하는 것이 아닐까?

청난 충격이었다.

우리는 야외에서 가족이나 친구의 사진을 찍을 때 카메라 앞에 일체의 방해물이 없는 탁 트인 공간에 서서, 만일 앞에 행인이 있으면 그들이 지나가기를 기다려 찍는다. 아주 사적이고 하찮은 최소한의 예술 행위에서조차 우리는 대상의 순수성을 엄격하게 고수한다. 화가도 마찬가지다. 인물화 또는 풍경화를 그릴 때 화가의 눈 바로 앞에 시야를 가리고 있는 나무나 동물이나 사람이 있으면 그것을 치우고 그리는 것이 당연한 일이다.

피터 그린어웨이의 영화 〈영국식 정원 살인사건〉에서 대저택의 건물과 경치를 12장 그리기로 계약을 맺은 17세기의 떠돌이 화가는 그림을 그리는 동안 대상물 앞에 아무런 장애물도 나타나지 않게 하라는 것을 계약조건중의 하나로 제시한다. 이것이 서양 회화의 전통이었다. 그 화가가 저택 앞에 걸린 호청 빨래를 그대로 그림에 그려 넣었을 때, 그것은 벌써 전통회화의 견고한 규범이 미세하게 와해되고 있다는 조짐이었다.

피터 그린어웨이의 빨래 그림처럼 히로시게는 그 방해물을 의식적으로 그림의 전면에 가장 크게 그려 넣었다. 이것은 어쩌면 '흔들리는 세상'의 그림이라는 우키요에(浮世繪)의 말뜻과 가장 잘 어울리는 기법인지도 모른다. 끊임없이 흔들리는, 덧없고 허무한, 그러나 동시에 황홀한 이 세상의 사물에 대한 감각을 순간적으로 포착했음을 상징적으로 보여주는 것이기 때문이다.

그림의 주제를 가리는 장애물이 화면의 전경에 배치되었다고 생각할 수도 있지만 또 한편으로는, 그림의 주제가 사각형의 프레임에서 절단되었다고 생각할 수도 있다. 화면이 너무 좁아 거기에 주제를 다 담지 못하기 때문에 액자의 경계선에서 대상이 잘린 것이다. 화면 프레임에서의 주제의 절단이라는 우키요에의 기법에 마네는 매료되었다.

만일 〈하네다의 나룻배와 변천사(はねたのわたし辯天の社)〉에서 아예 사공의 몸 전체를 프레임 안에 넣어 그렸다면 그림은 그저 그렇고 그런 평범한 풍속화가 되었을 것이다. 그런데 액자의 경계선에서 난폭하게 절단된 대상을 부분만 보여줄 때 거기서 고도의 미학적 감흥이 발생한다. 마네는 이것을 2층 발코니 난간에서 흔들거리는 다리가 프레임의 윗 부분에서 잘려 있거나, 여가수의 팔과 드레스만 화면의 왼쪽 위 부분에 조금 보이게 하는 식으로 〈오페라 극장의 가면무도회〉와 〈맥주홀의 여급〉에서 자기 나름으로 인용했다.

수수께끼의 인간 마네

비평가들은 한결같이 마네의 회화는 물질성을 강조했고 주제는 변명에 불과했다고 말한다. 서사성에 종속되지 않는, 오로지 시각적인 대상을 만들어냄으로써 미술 본연의 목표에 충실했다고도 한다. 그러므로 결과물인 그림만 보면 됐지 화가의 인생에 굳이 관심을 가질 필요는 없을지 모른다. 그러나 그의 그림에는 백년 전 파리의 모습이 생생하게 드러나 있다. 손에 잡힐듯 느껴지는 자유분방한 19세기 파리의 모습은 그 안에서 살고 고뇌하고 그림을 그렸던 화가 자신의 인생으로 자연스럽게 우리의 관심을 유도한다.

중학교 시절의 절친한 급우였고 나중에 마네에 관한 회고록을 쓴 앙토넁 프루스트는 역사 시간에 디드로의 〈살롱〉을 읽고 마네가 화를 내던 장면을 전해 준다. 디드로가 화가들에게 어차피 세월이 지나면 유행에 뒤처질 모자를 왜 그리느냐고 빈정거리는 대

▶ 〈삯 마차〉, 마네, 1878, 흑연, 16.8×13cm, 루브르 박물관.

목이 나오자 마네는 "디드로도 멍청한 놈이었군. 화가는 그가 사는 시대를 증언해야 하는 거야"라고 소리를 질렀다고 한다. 100년 뒤 프리드는 마네가 디드로의 반연극성을 다시 부정했다는 이론을 제시한다.

유복한 가정

마네는 유복한 부르주아 가정 출신으로, 아버지는 법무부의 고위 공직자였다. 16세 때 6개월간 견습선원으로 배를 타고 리우데자네이루까지 가서 신비한 검은 눈과 검은 머리를 가진 브라질 여인들에게 매혹되었다. 파리로 돌아와 곧장 쿠튀르의 아틀리에에 들어가 6년간 그림을 배운다. 여기서 마네는 서구 회화의 전통이 물려준 유산들을 완전히 흡수했다. 독일과 중부 유럽, 베네치아, 스페인 등을 여행하며 에스파냐, 플랑드르, 네덜란드 풍의 기법도 익혔다. 그러므로 나중에 그가 원근법이나 깊이 혹은 조명의 문제를 무시하고 그림을 그린 것은 기본이 부족해서가 아니었다. 그것은 철저하게 계산된 의도적 기법이었다.

마네의 최고의 우상은 벨라스케스였다. 순전히 벨라스케스의 그림을 보기 위해 마드리드로 갔고, 벨라스케스의 작품들을 보는 순간 희망과 자신감이 생겼다고 말하기도 했다. 쾌활하고 유머러스한 마네는 그림으로 명성을 얻기 전에 이미 젊은 후배들의 우상이었다. 27세에 살롱전에 처음으로 출품한 〈압생트를 마시는 사람〉(Buveur d'absinthe)은 낙선했지만 위대한 시인 샤를르 보들레르와 사귀는 계기가 된다. 술주정뱅이와 길바닥에 나딩구는 술병을 그린 이 그림은 포도주와 대마초를 예찬하는 보들레르의 시를 그대로 연상시킨다. 보들레르는 "결점과 오류가 보이고 안정감이 없다고 혹평할 수도 있지만 그의 그림에는 거부할 수 없는 매력이 있다"고 말함으로써 마네에게 유보적인 지지를 보냈다.

레옹 레엔호프에 관한 미스테리

마네는 수잔 레엔호프(Suzanne Leenhoff)와 결혼했다. 뚱뚱하고 온화한 전형적인 네덜란드 여성이었다. 사람을 편안하게 해주는 침착한 성격으로 평생 바람기 많은 예술가 남편을 묵묵히 뒷바라지 하며 심리적 안정감을 주었던 훌륭한 피아노 연주자였다. 말년의 보들레르를 요양원으로 찾아가 바그너를 연주하여 환자를 위로하기도 했다. 당시의 한 화가는 수잔의 영혼이 선량하고 순진무구하며 마네에게 깊은 애정을 갖고 있었다고 말한다. 마네가 수잔을 모델로 해서 그린 그림은 〈놀란 님프〉(La Nymphe surprise), 〈독서〉(La Lecture, 1865), 〈피아노를 치는 수잔 마네〉(Suzanne Manet à son piano) 등이 있다.

동생들의 피아노 선생인 수잔과 처음 만났을 때 마네는 19세, 수잔은 마네 보다 두 살 위인 21세였다. 수잔은 3년 뒤 아들을 낳고 자기 성을 따라 레옹 에두아르 레엔호프(Léon Edouard Leenhoff)라고 이름을 지었다. 사람들은 이 아이가 마네의 아들이라고 생각했지만 그는 한번도 친자관계를 확인한 적이 없다. 마네는 10년 동안 가족들에게 수잔과의 관계와 자식이 있다는 사실을 숨겼다. 아버지가 죽자 1년 뒤에 마네는 수잔과 결혼한다. 그녀를 처음 만난지 14년 만이었다.

마네는 레옹을 자기 자식처럼 키웠지만 레옹은 마네를 '대부(代父)'라고만 생각했다. 레옹은 자신이 엄마의 남동생인 줄 알았다고 했다. 에스파냐 풍의 그림 〈칼을 들고 있는 아이〉(L'Enfant à l'épée)에서 검은 벨벳 웃저고리에 칼을 쥐고 있는 아이, 〈비누 방울〉(Les Bulles de savon)에서 비누 방울을 불고 있는 소년이 어린 시절의 레옹이다. 〈화실에서의 점심〉(Déjeuner daus l'atelier)에서 텅 빈 시선의 청년은 성장하여 어른이 된 레옹의 모습이다. 왜 마네가 끝까지 레옹과의 친자관계를 숨겼는지, 그 진실은 미스테리로 남아 있다.

레옹과의 관계가 미스테리여서 그런지, 〈화실에서의 점심〉은 볼 수록 이상한 그림이다. 흰 색 바지, 검정 상의에 파나마 모자를 쓰고 정면으로 걸어 나오고 있는 남자는 레옹 레엔호프, 왼쪽은 마네의 집 하녀, 오른 쪽 식탁에 앉아 식사중인 사람은 화실 견습 시절 친구였던 오귀스트 루슬랭이다. 이 세 인물이 서로를 거의 의식하지 않고 제각기 딴 청을 부리고 있는 것이 그림의 분위기를 기이하게 만든다. 식탁 위에는 굴과 커피 잔이 놓여 있는데, 굴과 커피의 조합도 상식에 어긋난다. 왼쪽 의자 위에는 또 난데 없이 철모와 총이 있다. 테오필 고티에는 "저 무기는 뭐지? 결투를 끝내고 식사를 했다는 건가? 아니면 식사를 한 뒤 결투를 벌일 거란 얘긴가?"라고 빈정거렸다.

식탁을 뒤로 한 채 그림 중앙에 서 있는 레옹은 지금이라도 당장 그림 밖으로 걸어 나올 태세이다. 관람자의 공간에 한 껏 접근해 있는 그의 자세와 무관심한 표정이 그를 뒤편의 인물들로부

◀ 〈피아노를 치는 수잔〉 (Suzanne Manet à son piano), 1868–1869. 마네, 마네의 부인 수잔 레엔호프. 마네 보다 두 살 위로, 동생들의 피아노 선생이었다. 21세 때부터 마네와 연인 관계로 10년을 지내다가 마네의 아버지가 죽은 후 정식으로 결혼했다. 그 사이에 레옹이라는 아들을 낳았지만 자신의 성인 레엔호프를 붙였고, 마네도 평생 레옹에 대해 친자확인을 하지 않았다.

터 더욱 고립시킨다. 레옹의 이런 모습을 바토(Antoine Watteau, 1684-1721)의 〈피에로〉(1717-1720) 중 질르(Gille), 또는 마네 말기의 대작 〈폴리-베르제르 바〉의 여급과 연결시키는 연구자들도 많이 있다. 호프만(Werner Hofmann) 같은 비평가는 세 인물의 부동성에서 고독의 한계상황을 읽어내기도 했다. 여하튼 레옹의 부동의 자세가 보여주는 지속성은 그의 텅 빈 공허한 시선과 극명한 대조를 이룬다. 관람자는 정지된 화면 속의 찰나적 순간이라는 긴장된 모순을 느끼며, 마네의 인물들이 자아내는 불가사의한 고독감에 잠시 마음을 뺏긴다.

◀ 〈화실에서의 점심〉 (Déjeuner dans l'atelier) Neue Pinakotek Munich, 마네, 그림 왼편 탁자 위에 놓인 투구와 검, 고양이는 오른편 식탁 위의 음식과 무관해 보인다. 각자 자신의 일에 열중하는 쿠르베의 인물들과는 달리 마네의 인물들은 어떤 행위에도 몰두하지 않는다. 실내 바닥이 보이지 않아, 인물들은 왠지 공중에 부유하는 듯 안정감이 없다. 특히 사진기와 우키요에의 영향으로 화면 가장자리에서 절단된 인물처리는 그림을 더욱 불안정하게 만든다. 아무런 사건이 없는 그림 앞에서 관람자는 어떤 의미를 찾으려 시도하지만 결국 아무것도 이해할 수 없다는 느낌만을 가질 뿐이다.

빅토린 뫼랑

마네가 일생 사귀었던 수많은 여인 중에서도 빅토린 뫼랑(Victorine Meurent)은 아주 중요한 여인이다. 〈풀밭에서의 점심〉과 〈올랭피아〉의 모델로 회화 사상 가장 유명한 누드 모델이 되었기 때문이다. 프루스트의 회고록에 의하면 어느날 기요 거리 입구에서 마네는 싸구려 카바레에서 나오는 여인과 마주쳤다. 외투깃을 올리고 기타를 들고 서 있는 그녀에게 다가가 마네는 자기 그림의 모델이 되어 줄것을 부탁했다. 그녀가 빅토린이다. 〈거리의 여가수〉(La Chanteuse de rue)에서 그녀는 기타를 들고 체리를 먹으며 카바레의 문을 나서고 있다. 〈앵무새와 여인〉(La Femme au perroquet)에서는 앵무새 옆에서 바이올렛을 만지작거리며 생각에 잠긴 단정한 모습의 여인으로 나온다. 이미 〈에스파다 옷을 입은 빅토린〉에서 투우사의 옷을 입고 투우장에서 포즈를 취하기도 했다.

가냘픈 어깨를 숄 안에 감추고 걸어가고 있는, 지금이라도 길에 나가면 마주칠 수 있을 것처럼 평범하면서 뭔가 예사롭지 않은 빅토린은, 비평가 귀스타브 제프루아의 표현을 빌면, 마네가 하룻밤 풋사랑을 나눈 맥주홀의 바람기 있는 여급이고, 자유분방한 여인이며, 눈빛은 신비하고 얼굴은 매정한 어린아이 같았다고 한다. 요즘 표현으로 하자면 개념없고 도도한 철부지라고나 할까. 이 대담하고 건조한 얼굴의 여인이 회화사의 유명한 스캔들을 일으킨 주인공이었다.

〈철로〉에서 뒤돌아 선 소녀와 함께 생 라자르 역에 앉아 있는 여인은 마네가 빅토린을 마지막으로 그린 그림이다. 사람들은 이

▶ 〈거리의 여가수〉(La Chanteuse de rue), 마네, 빅토린 뫼랑의 초상이다. 마네가 풋사랑을 나눈, 길에 나가면 마주칠 것 같은 평범하면서도 뭔가 예사롭지 않은 자유분방한 거리의 여인이다. 서양 미술사에서 가장 중요한 모델 중의 하나이다. 〈풀밭에서의 점심〉과 〈올랭피아〉의 모델이기 때문이다.

평범한 가정주부의 모습에서 10년 전 세상을 떠들썩하게 했던 나체의 여인을 떠올리지 못했다. 도도한 젊음을 앗아가는 슬픈 세월이여!

베르트 모리소

마네의 그림에 나오는 얼굴 중에 베르트 모리소(Berthe Morisot, 1841-1895)만큼 강렬하고 아름다운 얼굴도 없다. 아마 누구나 한번 쯤 그녀의 초상화를 보았을 것이다. 단순한 배경 속에서 칠흑처럼 새카만 검은 색 옷이 새하얀 피부와 대조되는 그 강렬한 구도에 잠시 눈길을 떼지 못했을 것이다. 하얀 얼굴만 빼고는 모든 것이 상복처럼 짙은 검정 색이다. 검은 색 옷에 검은 색 상모(喪帽)와 검정색 턱끈, 그 사이에 장미빛이 도는 백색의 깨끗한 얼굴, 어딘가를 응시하는 그윽한 눈빛의 짙은 검정색 눈. 시인 폴 발레리는 〈바이올렛 꽃을 든 베르트 모리소〉(Berthe Morisot au bouquet de violette, 1872)의 초상화를 마네 예술의 정수라고 했다.

명작들을 모사하러 루브르에 갔다가 팡탱-라투르의 소개로 마네와 알게 된 베르트는 〈발코니〉, 〈휴식〉(Le Repos), 〈초상화〉등 세 점의 모델이 된다. 개성적인 매력과 지성을 겸비한 베르트 모리소는 코로의 제자로 마네와 르누아르의 영향을 깊게 받은 재능 있는 여류화가였다. 훗날 그녀는 인상파 화가들 가운데서도 가장 열성적으로 활동했다. 1874년 마네의 동생 외젠과 결혼하여 동생의 아내가 되었지만 초상화의 분위기를 보면 마네가 그녀에게 깊이 매혹되었다는 것을 짐작할 수 있다. 모리소는 "마네의 그림이 야생의

▶ 〈베르트 모리소의 초상〉 (Berthe Morisot, 1841–1895), 마네, 관람객을 빨아들일것 같은 강렬한 눈빛의 베르트 모리소는 유명한 인상파 여류 화가였으며, 나중에 마네의 동생과 결혼했지만, 처음엔 마네의 연인이었을 것으로 추정된다. 시인 폴 발레리는 이 그림을 마네 예술의 정수라고 극찬했다.

열매 혹은 아직 덜 익은 과일 냄새를 풍겨서 좋아"라고 여동생에게 말하기도 했다.

인상파와의 관계

마네는 1860년대 젊은 화가 그룹의 리더였다. 드가 모네 등이 게르부아 카페(Guerbois café)에서 그의 주위로 모여들었다. 마네는 자기 동시대인들과 자기 자신이 자주 드나들던 장소들을 그렸다. 보들레르, 졸라, 말라르메 등 당대의 위대한 시인 작가들과 친하게 지내고 그들의 애정 어린 지지를 받았지만, 일반 관객들은 그의 작품에 대해 깊은 적의를 보였다. 사람들의 인정을 받기를 갈구했고, 인기를 아쉬워했으며, 대중의 반응에 깊이 좌절했지만 결코 자기 스타일을 바꾸지는 않았다.

일반인들은 흔히 마네를 인상주의자라고 알고 있지만 그는 인상파와도 어느 정도의 거리를 유지했다. "14세기 이탈리아인들에게 지오토나 치마부에가 중요했듯이 우리에게는 마네가 중요하다"라고 르누아르가 말했듯이 마네는 인상주의의 대부였다. 따뜻한 성품과 오랫동안 추문에 시달린 경험 덕분에 그의 휘하에는 젊은 급진파들이 많이 모여 들었다. 그의 그림 〈아르장퇴이유〉는 소재나 붓 터치의 면에서 인상파의 냄새가 물씬 풍기기도 한다. 그러나 인상파 화가들의 성화에도 불구하고 그는 한 번도 인상파 전시회에 참여한 적이 없다. 그의 관심은 온통 살롱 전에만 향하고 있었다. 그들이 1874년에 인상파 전시를 열었을 때도 그는 작품을 출품하지 않았다.

그 어떤 유파에도 속하지 않았지만 마네는 생전에 이미 그의 이름 자체가 상징이 된 그런 인물이었다. 굳이 분류하자면 그는 인상파를 열어준 모더니즘 화가였다.

외발의 행인

마네가 46세 되던 해 1878년 6월 30일 파리에서는 만국박람회가 열렸다. 삼색 깃발이 파리 시내를 뒤덮었다. 마네와 모네는 이날의 풍경을 동시에 그렸다. 모네의 〈몽토르게유 거리〉(La Rue Montorgueil, 1878)가 바람에 펄럭이는 깃발의 흥겨운 움직임을 기운차게 묘사하고 있는 반면 마네의 〈모니에 거리의 깃발〉(La Rue Mosnier aux drapeaux, 1878)은 삯마차가 멈춰서 있는 한적한 거리의 쓸쓸한 분위기를 표현하고 있다. 집집마다 삼색 깃발이 걸려있지만 전혀 흥취는 느껴지지 않는다. 보도 위에는 외발로 걸어가는 쓸쓸한 행인의 뒷 모습마저 있어 이 그림을 더욱 우울하게 만든다. 이때 이미 그는 19세기의 에이즈였던 매독의 후유증으로 다리에 통증을 느끼

모네 〈몽토르게유 거리〉(La Rue Montorgueil, 1878). 모네의 그림에 대한 당대 평론가들의 반응은 별로 우호적이지 않았다. "물감 튜브 몇 개를 권총에 장전하여 화폭을 향해 발사한 후 서명하여 작품을 제출했다"는 농담이 공공연히 나돌았고, 루이 르루아는 풍자 신문 '르 샤리바리'에서 〈인상, 해돋이〉에 대해 "이 제멋대로의 서투른 솜씨를 보게나! 유치한 벽지도 이런 바다 풍경보다는 더 낫겠네."라고 말했다. 위의 그림은 1878년 파리에서 열린 만국박람회 풍경을, 바람에 펄럭이는 깃발들의 흥겨운 움직임으로 기운차게 묘사하고 있다.

기 시작했다. 그의 말년을 예고하는 것만 같아 그림은 더욱 스산하게 느껴진다.

잔치는 끝났다

〈폴리-베르제르 바〉를 끝낸 날, 다리 통증으로 더 이상 카페에 나갈 수 없는 마네를 위해 친구들이 그의 화실을 찾았다. 모임은 짧게 끝났다. 잔치는 끝났고, 환락의 거리에서 아름다운 여인들과 보낸 아름다운 생애도 막을 내리려 하고 있었다. 이제 그림에게도 마지막 인사를 고해야 할 시간이었다. 지친 마네는 간이 침대에 비스듬히 누워 마지막 대작을 흐뭇하게 바라보았다. 한없이 쓸쓸한 미소와 함께.

점점 걷기가 불편해졌던 마네는 결국 다리에 회저가 생겨 1883년에 왼쪽 다리를 절단해야 했다. 그리고 그 후유증을 이겨내지 못한 채 열흘 뒤 51세의 나이로 생을 마감했다.

◀ 〈모니에 거리의 깃발〉 (La Rue Mosnier aux drapeaux, 1878). 마네, 똑같이 1878년의 파리 만국박람회를 그린 그림인데, 모네의 그림이 화려하고 활기찬 모습이라면, 마네의 그림은 길가의 깃발들에도 불구하고 우울하기 짝이 없다. 더구나 쓸쓸한 거리를 걸어가는 외발 행인의 뒷모습이 그림을 더욱 음산하게 만든다. 이 그림을 그린지 5년 후 마네는 매독의 후유증으로 다리 하나를 절단했고, 열흘 뒤에 죽었다.

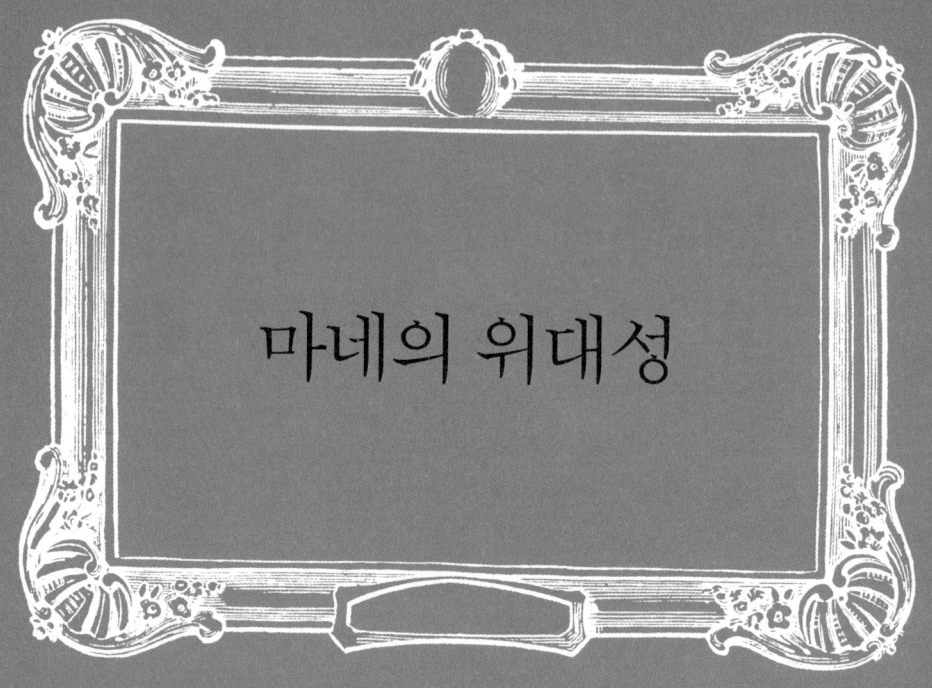

마네의 위대성

마네에 대한 몇 조각의 퍼즐

곰브리치는 일본 미술이 서양인들의 사물을 보는 방식을 변화시켰다고 말했다. 르네상스에서 시작된 원근법적 사고가 19세기 말에 이르러 더 이상 서양 미술을 지배하지 않게 되었으며, 더 나아가 사람들이 세계를 인식하는 방법도 완전히 달라졌는데, 그 근원에 일본 미술이 있다는 이야기이다.

원근법을 발견한 르네상스 이래의 서양 회화는 일체의 장애물을 제거하고 오직 한 지점의 시각에서 바라본 대상을 부동의 상태로 화면의 정 중앙에 고정시켜 그림을 그리는 방식이었다. 한없이 유동적이고 불안한 대상을 마치 영원 불변의 진실인양 화폭에 옮겨놓은 것이 서구의 근대 회화였다.

〈폴리-베르제르 바〉를 생각해 보자. 만일 화가가 카운터 뒤에 서있는 여급의 얼굴만을 그림의 정 중앙에 위치시켜 그렸다면 그것은 어느 한 순간의 시점에서는 진실이다. 그러나 그 한 시점은 아주 짧은 찰나에 불과하다. 고객이 다가와 말을 걸거나, 화가 자신이 옆으로 조금만 자리를 옮겨도 여급의 얼굴은 방향이나 표정이 달라진다.

이처럼 시시각각 요동치며 변화하는 회화를 어느 한 순간의 시점에 고정시켜 그림 속에 가둬놓는 원근법적 회화는 거기에 아무리 사실적인 3차원성을 부여해 보았자 결코 진실된 세계가 될 수 없고, 오직 인위적인 허구의 세계일 뿐이다.

회화에 적용된 원근법은 르네상스 시대의 과학적 지식이 미술에 반영된 것이기도 하지만, 또 한편으로는 당대의 사람들이 사물을 보는 방식이기도 하였다. 원천적으로 모든 시대의 미술은 언제나 그 시대의 인식론과 궤를 같이 한다. 왜냐하면 미술과 인식에서 똑같이 기본적인 전제 조건은 대상을 바라보는 우리의 시 지각(視知覺)이기 때문이다. 미술이 인문학에서 아주 중요하게 취급되어야 할 이유도 거기에 있다.

고대 그리스에서 플라톤과 아리스토텔레스의 미메시스(모방) 이론이 우주적 조화와 질서라는 세계관과 평행선을 이룬다면, 르네상스 시대에 고안된 원근법은 세계를 주체에서부터 분리시키고 대상화하는 실증적 과학 정신과 일치한다. (메를로-퐁티 Maurice Merleau-Ponty, 〈눈과 정신 L'Oeil et l'esprit〉, 1965)

원근법적 사고는 인간이 세계를 완전히 지배하고 장악할 수 있다는 확신감에서 출발한다. 원근법에는 바라보는 주체와 바라보여지는 대상이 있다. 인간과 세계 사이에는 일정한 거리가 설정되고, 인간은 주체, 세계는 대상으로 규정된다. 이와같은 공간적 거

리와 대상화의 방식을 통해 르네상스 이후 근대까지의 서양 학문이 탄생하였다. 철저한 객관성과 실증성을 기반으로 하는 근대 서양 학문은 인간을 절대적 주체로 상정하고 대상을 부동의 것으로 고립, 고정시킨 후 그것을 분석하고 해석하는 것이었다.

그러나 세상은 그렇게 부동의 자세로 꼼짝않고 얼어붙어 있는 대상이 아니다. 모든 대상은 보는 사람의 각도에 따라 얼마든지 위치와 형태가 달라질 수 있다. 원근법적 경치는 내가 서있는 자리에서 조금만 옮겨도 그 탄탄한 구도가 곧장 와해된다.

최근의 금융 위기에서 허둥지둥 대응하는 전문가들이나 당황스럽게 사후 진단을 내리는 학자들을 보고, 정교한 경제학의 논리, 더 나아가 모든 학문의 논리가 얼마나 허구적인 것인지 새삼 확인할 수 있었다. 인식의 대상은 생명체와도 같이 매순간 불안하게 흔들리는 사물인데, 그것을 마치 불변의 사물인양 견고하게 고정시켜 연구하고 결론을 이끌어 내는 것이 소위 모든 학문의 이론이기 때문이다.

탈근대적인 현대 사회에서 물질세계는 더 이상 원근법적 세계의 견고성을 갖지 못한다. 세계는 유동적이고, 주체인 우리 자신의 자리도 불안정하게 흔들린다. 유일하게 고정된 하나의 중심이 사라지고, 그 중심을 차지하는 것도 더 이상 주체가 아니다. 미술에서는, 복제에 대한 원본의 우위성을 거부하면서 복제 기술을 회화에 끌어 들인 팝아트가 현대 미술의 중요한 흐름을 형성하고 있다. 다시 한 번 인문학과 미술의 평행선적 관계를 보여주는 좋은 예라고 할 수 있다.

화가도 모델도 불안정하게 흔들거리는 세계를 표현하기 위해 마네는 〈폴리-베르제르 바〉에서 한 화면에 두 개의 시간과 공간을 한데 섞는 모험을 했다. 서양미술의 원근법적 전통에 반기를 들고, 그림은 단지 장방형의 평면 위에 그려진 시각적 대상이라는, 다시 말해서 그림은 그저 그림일뿐이라는 것을 말하기 위해 그는 수많은 추문에 휩싸이면서 그림을 그렸다.

르네상스 시대 이래 그림을 가능케 한 원근법의 중심이 임의적으로 설정된 허구의 초점이라는 것이 밝혀졌듯이, 철학에서도 과학적 원리들을 동원해 대상 세계에 의미를 부여했던 주체의 자리가 작위적이고 허구적이라는 반성이 일고 있다. 과학의 역사와 회화의 역사에서 동일하게 진행되고 있는 주체에 대한 회의, 그 출발선상에 마네가 있다.

그는 르네상스적 원근법을 해체하고 미술에 자율성을 도입함으로써 현대의 비재현적 회화의 길을 열어 주었을 뿐만 아니라 더 나아가 포스트 모던적 인식의 가능성도 열어주었다. 마네의 위대성이 거기에 있다. 무수한 비평가 철학자들이 마네를 연구했고 또 지금도 어디선가 마네를 연구하고 있는 이유가 거기에 있다. 우리가 그 중에서 몇 조각의 퍼즐을 맞춰 본 이유이기도 하다.

기파랑耆婆郎은 삼국유사에 수록된 신라시대 향가 찬기파랑가讚耆婆郎歌의 주인공입니다.
작자 충담忠談은 달과 시내와 잣나무의 은유를 통해 이상적인 화랑의 모습을 그리고 있습니다.
어두운 구름을 헤치고 나와 세상을 비추는 달의 강인함, 끝간 데 없이 벗어 나간 시냇물의 영원함.
그리고 겨울 찬 서리 이겨 내고 늘 푸른빛 잃지 않는 잣나무의 불변함은 도서출판 기파랑의 정신입니다.

마네 그림에서 찾은 13개 퍼즐조각

−푸코, 바타이유, 프리드의 마네론 읽기

1판 1쇄 인쇄일 2009년 2월 18일
1판 4쇄 발행일 2014년 7월 30일

지은이 | 박정자
펴낸이 | 안병훈

펴낸곳 | 도서출판 기파랑
등록 | 2004년 12월 27일 제 300−2004−204호
주소 | 서울 종로구 동숭동 1−39 동숭빌딩 3층
전화 | 763−8996(편집부) 3288−0077(영업부)
팩스 | 763−8936

e-mail | info@quiparang.com
ISBN 978-89-91965-30-0 03100